El sorteo en política: cómo pensarlo
y cómo ponerlo en práctica

Oliver Dowlen

Jorge Costa Delgado

El sorteo en política

cómo pensarlo y cómo ponerlo en práctica

Traducción y notas de José Luis Bellón Aguilera

DOBLE J

EFIALTES

2016

Colección Efialtes

La colección Efialtes –demócrata ateniense asesinado por los oligarcas– publica textos científicos capaces de atravesar las barreras académicas. Sus objetivos son popularizar problemas clásicos de la democracia, con especial atención a los que nos legó la democracia antigua: los dilemas entre sorteo y elección, cómo organizar la rendición de cuentas, cuándo y de qué manera promover la rotación. La colección publicará tanto autores clásicos como contemporáneos.

Obra editada con la colaboración del Ministerio de Economía y Competividad,
Proyecto de I+D La Recepción de la Filosofía Grecorromana en la Filosofía y las Ciencias Humanas en Francia y en España desde 1980 a la Actualidad (FFI2014-53792-R)

Edita: Editorial Doble J
Avda Cádiz 4, 1º C
41004 Sevilla, España
ISBN: 978-84-96875-67-8
www.editorialdoblej.com

ÍNDICE

Marco para la consolidación y defensa de una democracia ciudadana

Oliver Dowlen

Introducción

Además del impulso genérico de crear un mundo mejor, compartido – espero – por muchos lectores, el estímulo de esta obra proviene de dos fuentes principales.[1] La primera es el reconocimiento de que el hueco entre los que gobiernan y los ciudadanos que son gobernados es demasiado grande en la mayor parte de los modelos modernos de democracia, algo que no ayuda ni a los ciudadanos ni a la salud de los sistemas políticos en los que se encuentra. La segunda es resultado de un acontecimiento concreto. A mediados de los años noventa una asociación británica, el Comité Laborista por la Responsabilidad Democrática de los Servicios Secretos[2] propuso que estos rindiesen cuentas a unos observadores elegidos por sorteo. Inmediatamente, esto situó decididamente la cuestión de la imparcialidad en la agenda política y con ella la de los medios tradicionales por los cuales se garantizaba esta imparcialidad: el sorteo. De más calado era el hecho de que la propuesta situaba el sorteo, y por ello la idea de imparcialidad, en el centro del aparato de Estado.

La presente obra considera ambas cuestiones al unísono. Se trata de un intento de relacionar el mecanismo de participación política por sorteo con un modelo particular de lo que llamo "democracia ciudadana" en el que los propios ciudadanos son los guardianes imparciales, propietarios y defensores del proceso político mismo. Aunque en el contexto moderno se trata de una nueva propuesta, la idea misma de la selección por sorteo no es nueva. Fue la piedra angular de la antigua democracia ateniense (aprox. entre el 508 y el 322 a. n. e.), se practicó ampliamente en Europa a finales de la Edad Media, especialmente en Italia, y sobrevive hoy en la forma anglo-americana del jurado elegido por sorteo. Lo que difiere, sin embargo, es la articulación de un nuevo marco o contexto para su re-aplicación en las condiciones modernas.

---

1 La obra, concebida como un texto-borrador para su discusión, está fechada en enero de 2015.

2 *Labour Committee for the Democratic Accountability of the Secret Services*. El LCDASS fue una propuesta de 1994 (Delannoi y Dowlen: 2010, nota 29), de corta vida; véase «Objetivos y orígenes del SDRS [*Society for Democracy including Random Selection*]» < http://www.sortition.com/archive/2001/issue1.html > [Consultado 20-1-2016]. [Nota del traductor.]

Espero que sea de interés poner en escena las nuevas ideas de este texto y, quizás, una fuente de inspiración para quienes buscan formas de gobierno más justas, más estables y más abiertas, y un proceso político más atractivo, más receptivo y con visión de futuro.

Comprender el valor del sorteo como forma de selección de responsables políticos no es, con todo, sencillo. A pesar de haberse empleado de manera extensiva en el pasado, los sorprendentemente escasos testimonios escritos que poseemos no arrojan demasiada luz sobre el porqué de su uso ni qué beneficios aportaba a los sistemas políticos en los que se usaba. Se le identifica con la democracia en las obras de Heródoto y Aristóteles[3], junto a la observación de que las elecciones son los principales medios de selección política en los regímenes aristocráticos. El uso del sorteo en la República de Venecia es un buen ejemplo de ello. En consecuencia, no hay relación específica entre la selección por sorteo como tal y la democracia *per se*.

Esta situación se complica más aún con las críticas a la selección por sorteo de los cargos públicos. Los argumentos más relevantes en este caso tienen que ver con las capacidades – las competencias – y con que el uso del sorteo conlleva una abdicación del juicio moral. Entre estos dos argumentos hay una relación estrecha. El argumento de las competencias establece, simplemente, que el uso del sorteo para la selección de cargos públicos no garantiza que los elegidos sean capaces de desempeñar competentemente los cargos encomendados. El argumento de la abdicación moral afirma lo siguiente: puesto que el sorteo depende del azar, no de la razón, representa una claudicación de la facultad de elección moral. Hay un número considerable de argumentos similares que relacionan el empleo político del sorteo con su uso en los juegos de azar y en la adivinación, sirviéndose de esta asociación para condenar o devaluar su utilización política.

Estos argumentos son rebatidos por la práctica real del uso del sorteo, tanto en el mundo antiguo como en el moderno. Se considera – correctamente – que los antiguos atenienses inventaron y desarrollaron la política tal y como la conocemos hoy, creando un sistema político altamente racional y de gran complejidad estructural. El extendido uso del sorteo hace suponer que comprendían y atribuían valor político a este método de selección. De manera similar, el empleo de sorteos para la selección de miembros de jurado – en Gran Bretaña y Estados Unidos, por ejemplo – sugiere que se considera útil y valioso en un contexto altamente racional y moral.

Un indicio del valor mencionado lo muestran los acontecimientos en Florencia en 1465-1466. Desde los inicios de la Primera república en 1328, Florencia se había servido de un complicado sistema que combinaba el voto y el sorteo.[4] La principal característica de este sistema era la selección por sorteo de cada nuevo gobierno ejecutivo o *Signoria*, cada dos meses, de un grupo preseleccionado. El sorteo (la elección por suertes) se usaba además en muchos otros cargos públicos. Este sistema duró hasta 1434, momento en que la familia Medici tomó el control efectivo, después de haber construido en los años anteriores un amplio sistema de patronazgo. Una vez en el gobierno, los Medici mantuvieron su poder haciendo falsas promesas a una serie de órganos electos de gobierno, al tiempo que los controlaba asegurándose de que sus seguidores leales fueran siempre mayoría. En 1465 un grupo de republicanos comenzó a organizar una campaña de resistencia a la oligarquía de los Medici. Sus principales demandas eran dos: la primera, libertad de expresión política (los Medici habían suprimido toda oposición política abierta); la segunda era la restauración de la selección por sorteo para todos los cargos públicos, incluyendo la *Signoria*. Esta

---

3 Aristóteles (1987) y (2003), Heródoto III.80.6 (1999).
4 Ver Najemy (1982).

campaña de resistencia, aunque popular, tuvo una corta vida. Los Medici, inicialmente, hicieron concesiones, pero luego reafirmaron su control, particularmente sobre el proceso de designación pública.[5]

Resulta reveladora esta asociación estrecha del sorteo, una forma de participación política hoy "anticuada", con la exigencia "moderna" de libertad de expresión política. Sitúa la elección por sorteo en la primera línea de lucha contra la tiranía: contra la concentración de poder político y el uso arbitrario de ese poder contra la ciudadanía. Pero, ¿cómo comprender y cómo emplear el obvio potencial político y democrático de este medio de selección? El primer paso a dar, sin duda, consiste en examinar el proceso mismo del sorteo.

Sección primera: explorar el sorteo

La zona de blind break *y las exclusiones del sorteo*[6]

Los sorteos son una invención humana y operan primariamente en un contexto social. Como procedimiento para la elección o toma de decisiones, un sorteo se basa, en general, en un mecanismo físico de algún tipo: un cuenco o una urna que contenga papeles o bolas, trozos de cuerda o palitos de distinta longitud, monedas para el cara o cruz, dados para arrojar, etc. Un sorteo puede organizarse a partir de algo natural tan impredecible como tomar una decisión dependiendo de en qué terrón de azúcar se va a posar una mosca. En todos los casos, sin embargo, la característica distintiva es que hay algo desconocido o impredecible en torno al resultado, algo fuera de la voluntad, razón o control de los participantes o implicados. Las opciones son dispuestas y cada una se transforma en un símbolo idéntico – como en el sorteo – o se le designa una porción idéntica de un instrumento – como una moneda o un dado. Lo que ocurre entonces es que se hace una elección de tal forma que se evita cualquier tipo de interferencia humana en el resultado final.

Como procedimiento, un sorteo puede ilustrarse del siguiente modo:

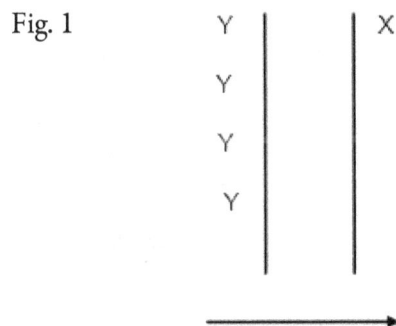

Fig. 1   Y | X
Y
Y
Y

→

---

5 Ver Rubinstein (1966).

6 La traducción más ajustada de *blind break* sería la de "zona ciega"; también expresa el salto a ciegas para cruzar una zanja o brecha. La expresión transmite la idea de una ruptura en el proceso normal de toma de decisiones que lo hace impredecible y lo sitúa fuera del control de cualquier partido. Mantenemos el término inglés *blind break*, a petición del autor, Oliver Dowlen. [Nota del traductor.]

A la izquierda están las opciones que ya han sido "igualadas". A la derecha está la opción elegida. En el centro hay una zona a la que llamo *blind break*. Esa es la característica central que define un sorteo. Todo conocimiento, razón, lógica y control está excluido de esta zona. Si por cualquier motivo la zona de *blind break* es puesta en peligro, el procedimiento deja de ser considerado propiamente un sorteo.[7]

Si nos fijamos más detenidamente en lo que ocurre en la "zona ciega", podemos caracterizarla como un área donde ciertas cosas son excluidas o se las mantiene alejadas. Pero, ¿de qué cosas o cualidades se trata? Debido a que el sorteo es un procedimiento mecánico de toma de decisiones (e incluyo en la definición las máquinas electrónicas), se excluyen a propósito todas esas cualidades que normalmente gobiernan, son pertinentes o se aplican a una decisión tomada por una persona o agente. Una decisión por sorteo es, por tanto, una decisión no-humana o no-personal. Esto puede ilustrarse mejor por medio del mecanismo imaginario de una "caja de epítetos posibles" o caja que contenga todas las palabras que designan esta cualidad mecánica o no-humana/no-personal. Una decisión por sorteo puede ser descrita cuidadosamente por referencia a cualquiera de ellas.

Una decisión del sorteo es (una) decisión

Fig. 2

Así, se prescinde del uso de la razón para discriminar o juzgar entre las opciones, pero se suprime también toda lógica defectuosa y todas las emociones. Un sorteo excluye toda razón y razones: buenas y malas, científicas y acientíficas, egoístas o desinteresadas. En una decisión por sorteo no hay amor... pero tampoco odio. No hay favoritismos, prejuicios, chovinismo, pero tampoco inteligencia, simpatía, compasión o sentimientos por tu semejante. Puesto que lo irracional es excluido igual que lo racional, lo mejor es pensar en el sorteo como un mecanismo de toma de decisiones *no-racional* o *arracional*.

A esta larga lista podemos añadir dos exclusiones más. La primera es la supresión de toda manipulación premeditada del proceso de elección: si en un sorteo hay manipulación o trampas, los participantes no lo considerarán un sorteo propiamente dicho. La segunda es el hecho de que no hay una instancia activa responsable de la decisión tomada por un sorteo. Una decisión por sorteo es una decisión anónima. Es como cuando se usa la suerte para la adivinación: puesto que ningún agente humano está implicado, es muy fácil que aquellos inclinados a creerlo crean que la suerte ha sido echada por un poder superior o del más allá.

7 Véase Dowlen (2008) pp. 11-30, para un mayor desarrollo de esta cuestión.

Una de las características más importantes de un sorteo es que cuando este se lleva a cabo, todas las supresiones acontecen simultáneamente. Un sorteo puede ser empleado porque la situación demanda una decisión imparcial, una que esquive toda preferencia sesgada. Esta decisión será desprovista de toda racionalidad y moralidad junto a todas las demás características o cualidades personales. Algunas de esas exclusiones pueden ser útiles, y otras, problemáticas. Quien tenga que decidir si usa o no el sorteo, debe sopesar las ventajas potenciales de esta forma de elección con relación a sus posibles desventajas.

El diseño racional de lo no-racional

Esta investigación de las cualidades del proceso del sorteo puede ayudarnos a solucionar una serie de problemas. Al aislar la zona de *blind break* en el centro del sorteo, podemos separar, en el interior del diseño del mismo, los elementos sujetos a control racional de aquellos que no lo están. La decisión sobre la naturaleza del grupo a sortear – qué opciones se incluyen y cuáles no – es racional. También lo es la decisión de la naturaleza del resultado o premio, tomada anticipadamente. En los casos en que se empleen sorteos para la designación de cargos políticos, se sigue que el asunto de las competencias puede ser tratado al asegurarse de que los admitidos a sortear tengan las habilidades necesarias para el cargo en cuestión. Controles adicionales u otros medios racionales como la capacitación interna pueden asimismo contribuir a ello. De forma similar, cuando se toma la decisión de usar un sorteo, es posible contrarrestar algunos efectos no deseados, introduciendo otras medidas en el diseño general. Un ejemplo son las impugnaciones a los jurados elegidos por sorteo. Estas garantizan que un miembro del jurado pueda ser destituido si la suerte elige a alguien con intereses directos en el caso.

Lo que esto muestra es que, aunque el sorteo excluya el pensamiento y la planificación racionales, hay otras muchas áreas del diseño del sorteo en general, o del contexto en el que se aplica, donde puede intervenir la planificación racional. Igualmente, aunque el sorteo elimine toda moralidad en la decisión sobre, digamos, qué ciudadano individual puede ser elegido para un cargo político, hay muchas formas en las que las decisiones y objetivos morales pueden informar e influenciar el diseño completo de un sorteo. Así, en cualquier escenario donde el sorteo sea posible, quienes tengan el poder de decisión deberán considerar si es la "herramienta adecuada" para la tarea. En otras palabras, deben decidir, primero, si de la "zona ciega" – el área de *blind break* – puede hacerse virtud según los objetivos y el contexto generales del esquema en cuestión; y si pueden emplearse otras características racionalmente determinadas del modelo para solucionar posibles problemas. Donde esto no sea posible, tal vez sea mejor buscar otra forma diferente de toma de decisiones.

El sorteo como mecanismo anti-poder

Ahora podemos volver a la pregunta de qué puede aportar la elección por sorteo a la política en general y a los procesos políticos en particular – así como a nuestro ejemplo concreto de las reivindicaciones del grupo opositor a los Medici en la Florencia del siglo XVI. Teniendo en cuenta, además del ejemplo florentino, nuestra idea del proceso, está claro que el valor del uso de sorteos para la selección de cargos públicos reside en que la designación ya no está en manos de quienes podrían usar indebidamente ese poder. A partir de aquí podemos percibir el sorteo como una manera de limitar las relaciones basadas en el poder, así como prevenir su concentración en facciones o en un partido dentro del cuerpo político. De este modo, un sorteo para la selección de un cargo público puede prevenir la corrupción a pequeña escala (como sobornos y "favores"). Al mismo tiempo, su utilización generalizada puede prevenir la corrupción de la totalidad del sistema político, al limitar la capacidad de acumular poder colocando adeptos en puestos clave. Si un método así puede salvar un Estado de la tiranía, de ello se deduce que el sorteo puede contrarrestar los efectos destructivos de la competencia feroz por el poder entre grupos rivales.

Yo me atrevería a señalar la eliminación de las relaciones de poder, derivada de la capacidad para limitar el poder de designación, como el valor más importante y primario del sorteo en cuanto método de selección de cargos públicos. Ello no significa que este sea el único beneficio que puede aportar el sorteo a la comunidad política. La ausencia de un agente activo de toma de decisiones puede ser una ventaja, en determinados contextos; la exclusión de las emociones, inherente al sorteo, podría ser asimismo útil, especialmente en contextos post-conflictivos. Además, el sorteo puede emplearse porque establece una forma de igualdad entre los sorteados o porque se requiere alguna forma de diversidad. En todo caso, hay que reconocer que esta igualdad y diversidad son consecuencias de la ausencia de relaciones de poder en el sorteo.

Lo no-racional en apoyo de lo racional

Una vez establecido que en el corazón del sorteo late la eliminación de las relaciones de poder, me quedan por comentar dos puntos sobre el uso político de esta forma de selección.

El primero trata de la incompatibilidad básica entre un método de elección que excluye la racionalidad y la moral, y un área de actividad humana – la política – en la que la razón y la moral deben ocupar el lugar de honor. Esta es la esencia del argumento anterior, planteado – entre otros – por Godwin (1971), de que el sorteo implica abdicar de la responsabilidad moral. Para ser justos con las críticas de Godwin, es posible usar el sorteo de ese modo. No obstante, si tenemos en cuenta nuestro análisis de su potencial anti-faccioso y anti-tiránico, percibimos una mayor, más justa y completa participación ciudadana en la vida pública a través de la selección por sorteo. Podemos, por tanto, a partir de aquí, formular un principio general: *el sorteo puede ser valioso en política allí donde fundamente la racionalidad y moralidad colectivas del proceso político.* Cuando no sea así, o contradiga o vaya a suplantar esos procesos racionales y morales colectivos, se corre el riesgo de amenazar la integridad del proceso político mismo.

Uno de los ejemplos más tristemente célebres de lo anterior es la de-selección anual por sorteo de los miembros del Directorio, el grupo ejecutivo de seis personas elegido por la Convención Nacional que siguió al Terror revolucionario en Francia.[8] Justo en el momento en que urgían decisiones colectivas

---

8 Tras el golpe de estado de Termidor (en julio de 1794), el nuevo régimen del Diorectorio recurrió al sorteo y la rotación de una manera que Dowlen discute. Fue un uso, nos dice, puramente retórico, para distinguirse del autoritarismo del Comité de Salud Pública, que conectaba con las tesis de James Harrington en *The Commonwealth of Oceana* (1656), inspirada a su vez en las repúblicas italianas del Renacimiento. En el caso del Directorio, las consideraciones ideológicas fueron determinantes para introducir el sorteo en un contexto inadecuado para la tarea que debía desempeñar. Véase Dowlen (2008) pp. 145-152, 206-211. También puede consultarse la edición española de la obra de Harrington preparada por Andrés de Francisco: James Harrington, *La República de Oceana y un sistema político* (2014). [Nota del traductor.]

sobre quién gobernaría mejor en el interés general para asegurar la unidad y estabilidad del Estado, se emplearon medios arbitrarios e irracionales para determinar quién permanecería en el cargo y quién no. Aquí, la elección original fue entonces menoscabada por el uso del sorteo. Puesto que el objetivo de esta de-selección era dar lugar a un sistema electoral de rotación, hubiera sido mejor celebrar diferentes elecciones en el momento de la creación del Directorio, una para cada miembro en momentos distintos. Si lo que se necesitaba era rendición de cuentas – transparencia –, se podría haber conseguido con el nombramiento de un "tribuno", un miembro temporal extra u observador incluido en el Ejecutivo, encargado de informar a la Convención.[9] Ese miembro sí podría haber sido elegido por sorteo de entre la Convención, sometiendo su nombramiento a una estricta rotación para evitar presiones políticas determinantes.

Debería parecer evidente, por tanto, que la selección de cargos públicos por sorteo es tanto más valiosa cuanto más complementa los otros mecanismos electorales existentes y allá donde los designados por este medio facilitan la toma colectiva de decisiones políticas. Como veremos más adelante, este principio es fundamental para discernir cómo puede usarse mejor este mecanismo en las condiciones actuales.

Sorteos ponderados y ciudadano independiente

Antes de terminar con esta introducción al sorteo, conviene mencionar los sorteos ponderados. Podemos definir fácilmente el sorteo ponderado con un simple ejemplo. Si coloco tres bolas rojas y dos blancas en una bolsa, lo más probable es que salga una bola roja antes que una blanca. El sorteo queda así "compensado" en favor de la suerte de la bola roja. De acuerdo con esto, no importa *cuál* de las bolas rojas o de las bolas blancas salga. Podemos definir, por tanto, un sorteo ponderado en base a dos aspectos. Primero: el conjunto de sorteados se define en términos de grupo y no como entidades individuales. Segundo, el resultado del sorteo se interpreta en términos de esos grupos y no en términos del estatus de los sorteados como unidades independientes.

Esto puede sonar a tecnicismo o a teorización innecesaria, pero su importancia es fundamental para cómo entendemos el sorteo en política. Cuando los Medici derrocaron la Primera república de Florencia en 1434, lo hicieron – como expliqué antes – desarrollando un complejo y poderoso sistema de patronazgo. Aunque las elecciones para los cargos tenían forma de sorteo, el predominio de seguidores de los Medici entre los grupos sorteados (o, para ser más exactos, en las bolsas usadas para el sorteo) implicaba una mayor posibilidad de que la *Signoria* resultante fuera favorable a esa familia.

Lo que sucedió, de hecho, fue que un sorteo corriente, diseñado para limitar el poder político, se convirtió en un sorteo ponderado al servicio de los intereses de poder de una familia particular. Los beneficios potenciales del sorteo – prevención de manipulaciones, imparcialidad, imprevisibilidad, ausencia de relaciones de poder – fueron eliminados cuando quienes iban a ser sorteados pertenecían a grupos definidos por su lealtad a los poderosos. El principio que se deduce de esto es que, para proteger el valor del sorteo como instrumento de limitación de las relaciones de poder, deben introducirse características en los mo-

---

9 Oliver Dowlen encuentra la institución del tribuno de la plebe en el pensamiento de Maquiavelo, quien, en 1520, propuso a Giovanni de Medici una reactualización por sorteo de esta institución romana. El tribuno de la plebe actuaría con poder de veto y sería sorteado mensualmente entre un grupo de magistrados electos, procedentes a su vez de una institución sorteada. Estos tribunos vigilarían el poder ejecutivo y podrían apelar a cámaras deliberativas más amplias ante cualquier alerta sobre el mal uso del poder. Véase Dowlen (2008) pp. 117-120. [Nota del traductor.]

delos de sorteo que prevengan su transformación en sorteos ponderados. Podrían usarse grandes grupos de ciudadanos sorteados y fomentar una ética de independencia (literalmente no-dependencia) entre la ciudadanía. Podrían supervisarse las actividades de los ciudadanos que accediesen a alguna responsabilidad para evitar la corrupción.

Nótese que cualquier tipo de sorteo deliberadamente "ponderado" corre el riesgo de incentivar estructuras de poder y patrones de dependencia entre los sorteados. Los sistemas de sorteo en sociedades profundamente divididas siempre serán susceptibles de ello.

Por tanto, diferenciar entre un sorteo ponderado y otro corriente tiene la gran ventaja de que nos permite abordar la cuestión de los grupos y de la dependencia. Y, lo que es más, nos muestra cómo la noción de ciudadano independiente (no-dependiente) ocupa el centro de este modelo de democracia ciudadana y cómo la selección por sorteo funciona mejor cuando los propios ciudadanos comprenden bien por qué se usa. Volveremos sobre ello más abajo.

Conclusión

En esta breve exploración del sorteo y su uso político, se ha identificado la zona de *blind break* como el componente central y hemos visto cómo puede convertirse en una virtud positiva. En particular, en términos políticos, puede verse que la selección por sorteo como instrumento para restringir el poder de designación sirve para evitar concentraciones de poder tiránico o de facciones enfrentadas. En la práctica, el sorteo se basa en una serie de exclusiones; para tomar una decisión informada sobre si usarlo o no se deben sopesar sus efectos, tanto los positivos como los negativos. Además, ya hemos visto cómo podrían usarse las decisiones racionales sobre el número de sorteados o la naturaleza de los puestos para contrarrestar los efectos no deseados – resultado del azar – en el sorteo. En esta sección vimos también cómo el sorteo en política funciona mejor allá donde complementa y apoya a la racionalidad de los procesos colectivos de toma de decisiones. Finalmente, observamos que el sorteo ponderado puede incentivar relaciones de poder y dependencia: cómo un sorteo corriente puede convertirse rápidamente en sorteo ponderado y cómo el desarrollo de una ética de independencia ciudadana podría contribuir a contrarrestar esta tendencia. Si la selección por sorteo genera un tipo especial de participación ciudadana, espero haber mostrado en qué es especial y qué puede aportar a la política.

En la siguiente sección, centraré mi atención en lo que llamo el "marco" de una democracia para los ciudadanos. Exploraré el contexto político en el cual la selección de ciudadanos por sorteo puede servir para defender la democracia. Este marco es, además, una perspectiva o manera de pensar sobre el proceso político mismo y cómo funciona. Para desarrollarlo, me centraré en primer lugar en algunos ejemplos de sorteo para distribuir recursos comunes en condiciones proto-políticas. Con esta expresión me refiero a comunidades donde funcionan mecanismos colectivos básicos de toma de decisiones, pero aún no se ha desarrollado el abanico completo de creaciones políticas tales como el gobierno de la ley o el Estado centralizado.

Sección segunda: política de mediación y mediación de la política

En la obra *Governing the Commons*, de Elinor Ostrom,[10] se encuentran algunos de los mejores ejemplos de cómo se usa el sorteo para la distribución de recursos comunes. Estos incluyen: la distribución de pilas de troncos entre los campesinos suizos que recogen y almacenan madera en los bosques (p. 65); la colocación de montones de forraje en las aldeas japonesas; el reparto de aguas en España (p. 77); la localización de zonas de pesca para los pescadores en Alanya (Turquía, pp. 19-20) y Nueva Escocia (p. 173). A todo esto, podemos añadir la ubicua práctica de distribuir derechos de pasto en los prados comunales según un sistema de rotación por sorteo.[11]

Estos ejemplos muestran el uso del sorteo en procesos de arbitraje. Introducir un sorteo para acordar la división de recursos supone acudir a un mediador o árbitro anónimo, incorruptible para cualquiera de los interesados. En el momento en que se usa el sorteo, la relación se convierte en una tríada – o de tres partes – si los contendientes son dos, o cónica si son más de dos.[12] Una relación triádica puede representarse como un triángulo con el arbitraje en su vértice y las dos esquinas de su base como los grupos contendientes (fig. 3).

Fig. 3

C (vértice) = cuerpo mediador

A   y   B = grupos rivales

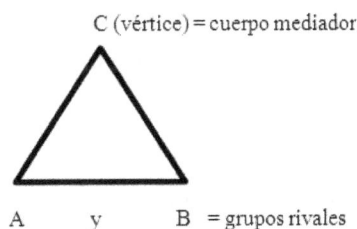

Lo que yo llamo "relación cónica" implica la misma estructura básica, pero esta vez las partes contendientes son más de dos, o potencialmente más de dos. Esta puede representarse como un cono con el número de partes representadas por varios puntos en la circunferencia de la base (fig. 4). Para que una relación triádica o cónica funcione, la parte mediadora debe actuar de forma imparcial (no partidaria) con respecto a las partes contendientes.

C = arbitraje – cuerpo mediador

Fig. 4

C
D
A   E
B

A B D E = grupos rivales

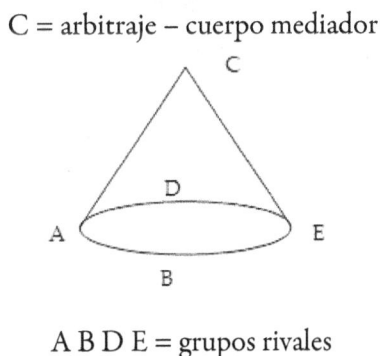

10 Ostrom (1990); Elinor Ostrom es una politóloga estadounidense, Nobel de economía en 2009 compartido con Oliver E. Williamson. [Nota del traductor.]

11 Ver Green (1910) sobre la distribución de pastos de prado en Yarnton, cerca de Oxford.

12 Ver Shapiro (1981) sobre las relaciones triádicas en judicatura.

Puesto que un sorteo excluye toda razón, preferencia personal y manipulación, puede caracterizarse como un mecanismo imparcial de toma de decisiones. Esto lo hace especialmente útil en la mediación porque no puede comprometerse su imparcialidad. De hecho, es posible que las variadas formas de sorteo como mecanismo de decisión hayan evolucionado precisamente por este motivo.

Lo que nos proporcionan los ejemplos del sorteo es un modelo para la forma básica de mediación, o, dicho de otra forma, el establecimiento de relaciones arbitradas. Hay que reconocer, sin embargo, que este no es más que un ejemplo y una orientación de la investigación de lo que en realidad es un lugar común (si no una característica definitoria) en las relaciones sociales y políticas. Veamos ahora cómo y en qué situaciones opera.

Los sistemas judiciales se alzan sobre estructuras de arbitraje y actividad mediadora, ya que los procesos complejos de juicio que emplean deben ser administrados imparcialmente con relación a todas las partes contendientes, pero también a la sociedad: tanto los procesados como los protegidos por la ley. Las estructuras y procedimientos que enmarcan el debate político y la toma de decisiones políticas, incluyendo las elecciones, son asimismo mediadoras. Estas estructuras de arbitraje legales y los procedimientos regulados velan para que puedan tomarse decisiones sin recurrir a conflictos abiertos. En un extremo de la escala de las relaciones arbitradas identificamos la constitución – de una nación o grupo de naciones – como una estructura compleja de mediación. Una constitución establece una serie de procedimientos justos, legales, con los que enfrentarse a una posible variedad de futuras contingencias, juicios y decisiones. Aquí, el trabajo de muchas personas e instituciones se dirige a establecer el elemento o elementos mediadores. En el otro extremo de la escala se sitúa el acuerdo simple entre dos partes. Aquí, el mismo acuerdo, escrito o no, actúa como tercer elemento o mediador. La característica principal definidora en todos estos casos es que se acomodan a una estructura triádica/cónica donde un grupo o elemento actúa imparcialmente con respecto a los otros y constriñe la forma de actuación de las partes contendientes y cómo ejercen su poder.

Considerar por qué se establecen y qué alternativas hay es, quizás, la mejor manera de comprender las relaciones arbitradas. En este punto, podemos volver a los ejemplos de Ostrom e imaginar qué ocurriría si las decisiones sobre la asignación de recursos fueran tomadas sin el uso de sorteos. Las partes podrían llegar a una forma de arbitraje racional – que implicara reglas y procedimientos acordados –, pero también es posible que, entre diferentes individuos o grupos de individuos, se desatara una competición por los mejores pastos, los mejores caladeros o las pilas de madera más voluminosas. Ello conduciría seguramente a la ruptura de las relaciones intermediadas y al advenimiento de una serie distinta de relaciones. Llamo a estas relaciones "conflictos estancados" y se definen como una situación en la que cada parte se sirve de todos los poderes a su alcance para proteger sus intereses. Esto puede ilustrarse con una línea recta que representa el Estado o la institución que se desea controlar, y dos flechas, cada una de ellas situada en uno de los extremos, representando las aspiraciones al poder de cada una de las partes contendientes.

Fig. 5   →————————————————————————←

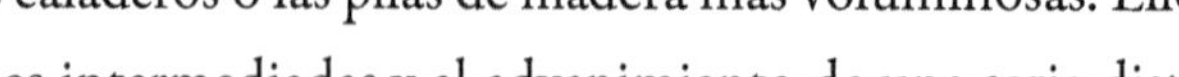

Estas formas de relación – conflictos estancados y relaciones arbitradas –, si bien avalan tendencias en contraste, puede existir simultáneamente en cualquier contexto dado. En un acuerdo constitucional arbitrado, por ejemplo, puede suceder que una de las partes intente hacerse con el control absoluto del Estado. Por otro lado, en un escenario de guerra civil, caracterizado por la ausencia de relaciones de mediación, es posible que un amplio sector de la población busque activamente una salida arbitrada. También hay que tener en cuenta que toda relación de mediación *incluye* elementos en conflicto, pero constreñidos y canalizados por los acuerdos o instituciones-árbitro. El reconocimiento y la expresión de intereses y puntos de vista opuestos son inevitables y, de hecho, deseables.

Esta relación dinámica entre mediación y conflicto estancado es clave para el marco presentado en este texto. El eslabón principal en la argumentación lo constituye la mera identificación de la afirmación política – fundamento del orden político – con el establecimiento de relaciones arbitradas. Una vez comprendido este vínculo, podremos aproximarnos a las medidas prácticas necesarias para constituir y desarrollar el orden político de manera inclusiva y participativa. El modelo triádico/cónico ofrece un claro formato y patrón preciso de análisis institucional, y la dinámica de intercambio entre conflicto y mediación nos proporciona un marco estable de referencia, independiente de cualquier ideal unívoco o constitución total. Lo que es más, este marco puede ser aplicado a cualquier forma de acuerdo y pacto y a cualquier nivel de desarrollo social y económico. Si podemos identificar los elementos en conflicto y los mediadores en un contexto dado, fortalecer estos últimos resultaría una operación bastante simple, en caso de que el orden político corriese peligro.

Llegados a este punto, es preciso manifestar que creemos en el impulso humano de establecer buenas relaciones con posibilidad de mediación. Esto es evidente por sí mismo si creemos que, básicamente, el debate colectivo y la resolución pacífica de problemas son preferibles al uso de la fuerza. Podemos hacernos una idea del valor de las relaciones arbitradas desde la perspectiva de su contribución al conjunto de valores humanos universales como el progreso social o el desarrollo de toda la humanidad. Tomar conciencia de ello implica asumir una perspectiva para el estudio de nuevas formas de democracia ciudadana. A partir de este razonamiento, podemos formular la siguiente pregunta: ¿Cuál es la mejor forma de lograrlo?

La respuesta a esta pregunta está contenida de hecho en la conclusión sobre el valor humano de las buenas relaciones arbitradas. Si el orden político es algo bueno, ¿para quién es o debería ser bueno? Si nuestra respuesta es del tipo: «Para los ciudadanos en su conjunto», «para todos y cada uno de los ciudadanos» o simplemente «para cualquiera», la respuesta a nuestra pregunta, por tanto, es que el fortalecimiento del orden político se consigue mejor si las soluciones mediadas son diseñadas, situadas y puestas en funcionamiento *por los propios ciudadanos*.

Podemos abordar el mismo planteamiento y llegar a la misma conclusión por otro camino. Para poner orden político en una situación de amenaza de guerra civil, o para evitar que un grupo faccioso tome el poder, la capacidad mediadora debe ser lo suficientemente fuerte o potencialmente fuerte como para instaurarse a sí misma. Cabe imaginarla, simplemente, como superior a los efectivos de las partes contendientes. Pero la fuerza del cuerpo mediador reside además en el nivel de su organización. De nuevo, ello sugiere que la solución consiste en que la ciudadanía sea la fuerza mediadora, la tercera fuerza. Este planteamiento se fundamenta en la premisa de que la fuerza mediadora debe ser capaz de sobrevivir y funcionar con efectividad.

Ello nos lleva al elemento final del marco: el argumento de que la selección sistemática por sorteo constituye el mejor instrumento para que los ciudadanos accedan a los cargos y puestos que forman la fuerza de arbitraje. El sorteo es totalmente compatible con la imparcialidad y ausencia de relaciones de poder exigidas por las instituciones intermediarias. Es, por tanto, un medio muy eficiente de selección para puestos independientes en el interior del cuerpo político. Está claro que el uso sistemático de la selección por sorteo posee el potencial creativo de desplazamiento del lugar del poder y la soberanía, fuera de las concentraciones de poder características de los conflictos estancados. La combinación de una política de arbitraje con la selección por sorteo muestra, además, cómo una "tercera fuerza" intermediaria y mediadora, al debilitar la influencia partidista de los elementos en conflicto estancado, puede contribuir a evitar que el sorteo político se convierta en un sorteo ponderado.

Por otra parte, una vez que los ciudadanos son elegidos, se precisan otras medidas para que los requisitos y deberes del cargo sean desempeñados como es debido. Este hecho es una prueba palpable del valor de la selección por sorteo y sus limitaciones. Si el objetivo de la forma de democracia ciudadana descrita en el presente trabajo es, en primer lugar, defender la naturaleza mediadora del sistema político, entonces la elección por sorteo opera como un elemento u opción para alcanzar otro objetivo más importante. Este propósito elevado, este marco mediador, determina, o debería determinar, cómo usar el sorteo y cómo integrarlo con otros mecanismos y elementos constitucionales.

Podemos preguntarnos a estas alturas por la forma general de tal organización, cuáles serían sus principales rasgos y cómo podemos formular de la mejor manera una idea de su posible funcionamiento. Comenzaré con un diagrama simple. Se deriva de los ejemplos proto-políticos pero puede valer para describir las instituciones políticas individuales, así como el conjunto mismo del proceso político mediador. Solo se trata de un resumen visual de la argumentación expuesta hasta ahora.

Fig. 6

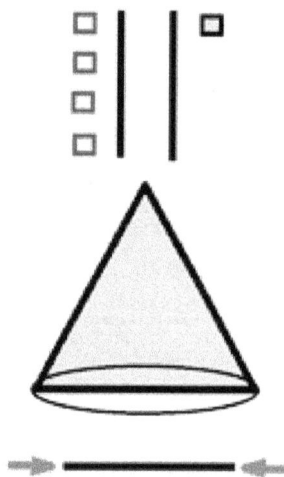

La figura central con forma triádica/cónica opera para controlar las tendencias en conflicto representadas abajo, mientras que la imparcialidad del cuerpo mediador se mantiene por la selección por sorteo (además de otros mecanismos mediadores). La figura superior representa el proceso de sorteo tal como lo vimos anteriormente.

Una constitución plena puede ser representada como un número determinado de estas estructuras cónicas de mediación, cada una de ellas con un cuerpo mediador en su vértice C y conteniendo elementos potencialmente partidistas y posiblemente amenazadores de su estatus imparcial. La defensa de la naturaleza imparcial de esas instituciones se mantiene con ayuda de la selección por sorteo a diferentes niveles e incluyendo diferentes funciones ciudadanas en esas instituciones.

Fig. 7

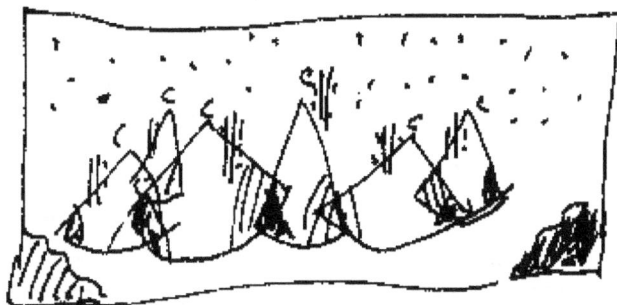

Los puntitos del fondo representan a la ciudadanía trabajando y viviendo, en su mayoría, fuera del mundo político y de las instituciones del Estado. Los borrones de las esquinas representan las fuerzas partidistas organizadas que podrían desear la lealtad (o deslealtad) de los ciudadanos y llegar a tomar el control de las instituciones clave, bien desde el interior o ejerciendo presión desde fuera.

De todo esto cabe inferir que cuantos más ciudadanos tomen parte en la defensa de las instituciones imparciales, un número menor de ellos, probablemente, acabará enrolándose en cualquiera de los grupos hegemónicos o en lucha por el poder. Igualmente, si el número de participantes para los puestos sorteados es lo suficientemente grande, las estructuras de las instituciones lo suficientemente rigurosas e igualmente suficiente el celo y vigilancia de los ciudadanos, las instituciones podrán ser defendidas con éxito.

Esto nos ofrece una visión de la ciudadanía como especie de "tercera fuerza" o grupo mediador que defiende el proceso político mismo. Como vimos anteriormente, para funcionar con éxito en este tipo de constitución, este grupo debe ser más numeroso, estar mejor organizado y más comprometido en las tareas del cargo que sus rivales. La ciudadanía en este estilo de constitución se concibe como "poseedora" y "dueña" del proceso político por medio de la defensa de su papel mediador contra la subversión.

En este tipo de constitución – uso sistemático del sorteo de ciudadanos en defensa del proceso político – podemos imaginar, quizás, el surgimiento de un nuevo tipo de Estado, en el que el movimiento de ciudadanos hacia y a través de los puestos clave da lugar a una forma de organización política completamente diferente a la de la democracia liberal moderna. En esta última, el Estado es una amalgama de élites políticas, militares y económicas parcialmente responsable ante la ciudadanía a través de las elecciones de gobiernos a intervalos regulares. Es posible entrar en esas élites a través del proceso electoral, pero hay que reconocer que también existen otras rutas de influencia, menos prescritas constitucionalmente, muchas de ellas basadas en el poder personal y las influencias. El conjunto de la ciudadanía, si bien no excluida del proceso político, solo tiene un papel constitucional primario: el de votar.

Los ciudadanos pueden, por supuesto, participar en el proceso político afiliándose a un partido, a una asociación civil o a un movimiento de protesta del cariz que sea. Por muy importantes que estos grupos puedan ser para el mantener abierto el debate, están expuestos a generar sus propias estructuras internas de poder, patrones de dependencia y círculos internos de influencia de élites. Cualquier ciudadano que desee participar en política de manera independiente – no partidista – no tiene demasiadas oportunidades.

La forma de democracia ciudadana descrita aquí, por el contrario, tiene en su centro a un ciudadano activo e independiente. Sin embargo, cómo comprender y presentar el papel del ciudadano en este nuevo tipo de acuerdo constitucional requiere cautela. No afirmo que los ciudadanos deberían dejar de afiliarse a partidos políticos o abandonar el activismo en defensa de sus intereses o de cuestiones que consideran de importancia pública. Por el contrario, el modelo de democracia que propongo en este texto incorpora la idea de que los ciudadanos asuman la defensa del sistema político, para que esas cuestiones se traten de forma justa y exhaustiva. El valor específico de la participación sistemática de los ciudadanos en la defensa de la naturaleza mediadora del proceso político es la creación de un escenario en el que su funcionamiento interno, la sede del poder y el cuerpo político, no estén dominados por el sometimiento partidista, los privilegios y las élites poderosas. Lo que sugiero es que la defensa ciudadana del sistema político complementa y actúa paralelamente a la participación ciudadana en las cuestiones fundamentales. Esto se aplica tanto a reivindicaciones de un grupo social concreto como al interés general.

No estoy, por tanto, proponiendo que se prohíban los partidos políticos como en Florencia u otras ciudades del norte de Italia durante el Renacimiento. Lo que propongo, por el contrario, es que la acción independiente e imparcial de los ciudadanos como defensores del sistema político puede contribuir a reforzar el pluripartidismo por medio del control de los excesos partidistas y de acercar la política a los ciudadanos a intervalos regulares.

Al mismo tiempo, no abogo por que este nuevo papel de arbitraje de los ciudadanos deba limitar la innovación en otras áreas de práctica democrática. Por el contrario, imagino que un mayor control ciudadano del sistema político estimularía, de hecho, ulteriores desarrollos democráticos en áreas como la democracia directa y la mejor rendición de cuentas de los representantes políticos. Mi opinión es que esas importantes mejoras democráticas pueden alcanzarse, defenderse y sostenerse con garantías si el sistema político es propiedad común de los propios ciudadanos.

Esto, por tanto, constituye la visión de conjunto, la forma fundamental, por así decirlo, de un nuevo tipo de democracia ciudadana – más bien, un tipo nuevo de democracia ciudadana en el mundo moderno. (Yo diría que se trata de un tipo de estructura que conocieron bien los antiguos demócratas atenienses y los republicanos de los regímenes del *popolo* de la Italia tardo-medieval.[13]) Se basa en la idea de la propiedad común del proceso político y su protección mediante la selección por sorteo. Cuantos más ciudadanos se impliquen activa y conscientemente en este papel, más estable, fuerte y justo será el Estado.

Se plantean ahora dos interrogantes importantes. Primero: ¿Qué aspecto tendría exactamente tal democracia ciudadana? En segundo lugar: ¿Cómo caminar hacia su realización concreta?

---

13 Véase Koenig (1977), Waley (1988) y Wolfson (1899).

Sección tercera: Diseños e instituciones

Antes de examinar los rasgos específicos posibles del uso de la selección por sorteo, debo establecer algunos principios generales con los que, uno, indicar *cómo* podría funcionar mejor la selección por sorteo y, dos, preguntarse *por qué* habría de ser usada. En otras palabras, introducir algunos principios generales que apuntalen esta propuesta de democracia ciudadana.

El primer principio se deriva de la discusión al inicio de este texto y plantea, simplemente, que cualquier aplicación de la selección por sorteo debería hacer uso positivo de las cualidades del sorteo. Las instituciones que lo empleen tendrían que ser diseñadas a partir del porqué de este método de selección y no otro. Su capacidad de resolución de problemas tendría que aplicarse a cada problema en concreto, tanto en términos de las necesidades inmediatas de cada institución en concreto como en términos de cómo esa institución podría contribuir al contexto y los valores constitucionales en general.

El segundo principio define y caracteriza este modelo particular de democracia ciudadana frente a otras propuestas de uso sistemático de selección sorteada de ciudadanos. Plantea que la selección por sorteo debería usarse, sobre todo, como instrumento de apoyo, desarrollo y defensa de aquellas estructuras y procedimientos con una función mediadora definida. Como concluí en la sección anterior, el establecimiento de procedimientos y estructuras mediadoras sólidas contribuye al fortalecimiento de las instituciones y va ligado a la estabilidad, seguridad y desarrollo de las democracias, tanto las maduras como las emergentes. Es – como suele decirse – algo bueno. El aspecto más importante de este principio y la principal conclusión teórica de este texto-borrador, es que la rigurosa imparcialidad de la selección por sorteo, y su capacidad para limitar las concentraciones de poder organizado, lo convierten en un medio ideal de selección de cargos de mediación.

El tercer principio procede de la anterior reflexión crítica de Godwin: que la selección por sorteo debería ser usada solo como apoyo en la toma racional de decisiones y no como su sustituto o como una instancia que pudiese poner en peligro el proceso. Este principio constituye asimismo un argumento para el uso de la selección sorteada para cargos de arbitraje, ya que estos cargos están especialmente dedicados a la tarea de facilitar y salvaguardar la deliberación racional colectiva antes que participar directamente en las deliberaciones. En la práctica, este principio va ligado a cuestiones de legitimidad y autoridad democráticas. Esto se comprende mejor formulando la siguiente pregunta: ¿Qué decisión tendría más (o menos) autoridad y legitimidad? ¿La tomada por un foro de ciudadanos seleccionados por sorteo, la de un foro elegido por votación o la de un referéndum? En la misma pregunta se intuye que la importancia asignada a tales cuerpos seleccionados por sorteo, en comparación con otras formas de decisión, hay que tomarla con cautela, de forma que el elemento azar no ponga en peligro la legitimidad de la institución en cuestión.

El cuarto principio es que el uso de la selección por sorteo debería ser tal que se convierta en motor del desarrollo del cuerpo político. Se trata sobre todo de un intento de unir la selección por sorteo a un objetivo de mayor alcance: aumentar el nivel de compromiso ciudadano. Podemos pensar en ello tanto en términos cualitativos como cuantitativos: la idea de que deberían participar más ciudadanos en política y la idea de que esta participación debería fomentar un mayor conocimiento del funcionamiento de la política entre la ciudadanía. Si los ciudadanos adquieren la propiedad y control *de facto* del sistema político, ello conlleva una responsabilidad considerable y requiere instrumentos para reconocer, motivar y desarrollar tal responsabilidad.

Este principio es importante porque, de nuevo, apunta a un objetivo mayor que puede alcanzarse mediante la selección por sorteo para cargos públicos. Para concebir el desarrollo político de la ciudadanía, es necesario tener muy presente la igualdad política de todos. Podría decirse que es inseparable de la idea de igualdad efectiva ante la ley. Una expresión potencial de ello podría ser la selección por sorteo entre un gran número de ciudadanos, lo que garantizaría la igualdad de oportunidades de acceso al sistema político. Es en este sentido – es decir, el fomento del desarrollo integral, justo e igualitario de la ciudadanía – en el que puede entenderse mejor el valor de la imparcialidad de las buenas relaciones arbitradas. No se trata de neutralidad o imparcialidad respecto a *todos* los valores, buenos y malos, sino de actuar sin partidismo en beneficio de toda la ciudanía, de acuerdo con la ley y la forma de gobierno de los ciudadanos.

El último principio consiste en lo siguiente: Las instituciones que se sirvan del sorteo deben ser eficientes. Todas deberían poseer un propósito constitucional claro y funcionar correctamente para lograrlo. Debería haber, por ejemplo, razones palpables para emplear un número grande o pequeño de ciudadanos, periodos largos o cortos en el cargo, o para identificar diferentes grupos de personas para el sorteo. Tendría que existir una provisión integrada de evaluaciones y reformas y cursos de formación disponibles si es necesario. "Eficiencia" no solo significa "gestión eficiente". También quiere decir que los actos de una institución se juzgan como eficientes de acuerdo con criterios democráticos tales como integración, capacidad de respuesta y ecuanimidad. Sin embargo, es necesario recurrir al sentido común para que el buen gobierno y la participación democrática puedan trabajar juntos eficientemente. Celebrar con frecuencia referéndums sobre cualquier cuestión insignificante o un número excesivo de ciudadanos para cumplir funciones vagamente definidas, por ejemplo, no reforzará las bases de un buen gobierno, por muy democráticas que parezcan estas medidas.

Posibles formas constitucionales de la selección por sorteo

Con ayuda de estos principios podemos comenzar a examinar las variadas y diversas formas de funcionamiento de la selección por sorteo en las instancias constitucionales de una democracia ciudadana. Por mera conveniencia, dividiremos estas formas en tres categorías:

1. Pequeños grupos de ciudadanos en posiciones clave actuando como testigos y observadores, ligados a cuerpos decisorios más amplios.

2. Grupos mayores de ciudadanos con poderes de deliberación y / o de toma de decisión.

3. Nombramiento de cargos por sorteo de pequeños grupos de expertos.

Lo que muestran los principios anteriores es que las mejores soluciones en cualquiera de estas categorías no residen solo en el diseño de la institución en particular, sino también en la vinculación de esa institución con otras estructuras y procedimientos democráticos. Esto es particularmente importante con respecto a la cuestión de cómo puede usarse la selección por sorteo para sostener la racionalidad colectiva de las decisiones políticas.

En los puestos de observadores, se designarían pequeños grupos de ciudadanos elegidos por sorteo (y convenientemente preparados) para las instituciones clave que, de otra forma, serían ocupadas por miembros electos – o no electos. Su trabajo consistiría en supervisar las discusiones y decisiones tomadas por esos órganos e informar a los órganos más democráticos y numerosos sobre cualquier decisión o asunto donde, desde su punto de vista, fuera necesario ampliar la discusión. Esta institución o cuerpo secundario podría ser un órgano ya existente del gobierno democrático: una asamblea electa – por ejemplo –, pero también una agrupación ciudadana designada a la sazón con el poder de revocar la decisión original o demorarla para prolongar la discusión. En algunos papeles como la vigilancia electoral, se informaría directamente al poder judicial o a juntas electorales especiales sobre posibles casos de conducta dudosa. Los ciudadanos seleccionados por sorteo encargados, por ejemplo, de supervisar a los miembros electos de las administraciones provinciales y locales podrían elevar informes, en primer lugar, al organismo electo superior. Los ciudadanos observadores podrían iniciar la convocatoria de referéndums locales/regionales o nacionales. En tales casos, un cuerpo ciudadano (sorteado) más numeroso constituiría la siguiente etapa del proceso.

Anteriormente mencioné los problemas de legitimación que podrían surgir si foros de un gran número de agentes seleccionados por sorteo tuvieran un poder comparable al de asambleas elegidas por votación o formas de decisión colectiva como un referéndum. Esto no descarta el uso del sorteo para decisiones capitales o tribunales, pero sugiere que deberían operar acompañados de otras medidas. El ejemplo que enseguida sale al paso es el de la segunda cámara legislativa. Esta disposición mantendría la prioridad de la cámara principal o elegida por votación, pero aportaría una dimensión democrática extra a la aprobación de leyes. Para llevar este principio a la práctica, una segunda cámara cumpliría el papel de apoyo a la asamblea legislativa principal. Podría, por ejemplo, limitarse al escrutinio y enmienda de la legislación. Una solución posible para la creación de una segunda cámara equilibrada sería la designación de un tercio de los miembros, la elección de otro tercio y la selección por sorteo del último. Ello amortiguaría la diversidad con la experiencia, el partidismo con la independencia y la selección por sorteo con los procesos racionales de designación y elección.

Otra solución al problema de dónde emplear mejor instituciones o cargos con miembros sorteados sería el de emplear grupos de ciudadanos como respaldo de decisiones tomadas por grupos más pequeños, posiblemente no elegidos. Cuando, por ejemplo, un tribunal constitucional lleve a cabo una investigación, sus decisiones podrían ser avaladas por un foro de ciudadanos seleccionados por sorteo. De forma similar, otros foros ciudadanos podrían tomar decisiones intermedias en situaciones de mayor alcance democrático, donde su legitimidad fuese incuestionable. Esto, como vimos, podría incluir establecer si determinada cuestión debe someterse a referéndum, o incluso redactar las preguntas del mismo.

La tercera de las formas constitucionales que podrían beneficiarse del uso de la selección por sorteo es aquella que elige un comité u otra instancia pública de entre un pequeño conjunto de expertos cualificados. Aquí el énfasis reside menos en la participación ciudadana y más en la idea de la imparcialidad y prevención de la corrupción. Los jueces podrían recibir casos por sorteo, así como ser sorteados para responsabilidades clave tales como tribunales supremos o constitucionales, organizados por selección sorteada de entre un número determinado de personal cualificado. También aquí sería posible incorporar, en esos grupos clave de expertos, a ciudadanos con labores de supervisión.

Áreas de aplicación

Para examinar este punto, comenzaré con una advertencia concreta de un pasado no demasiado distante. En Hungría, tras su victoria en las elecciones de 2010, el partido FIDESZ[14] se hizo con el control del Estado y colocó a sus seguidores en muchas instituciones para garantizarse la permanencia en el poder. Dos años después, la Presidencia, la Fiscalía General, el Consejo de Medios de Comunicación, el Tribunal de Cuentas, la Autoridad de Supervisión Financiera, la Comisión Electoral y el Defensor del Pueblo habían acabado controlados por conocidos partidarios del régimen.[15] Además, la edad de jubilación de los jueces se adelantó a los 60 para facilitar y agilizar su sustitución. Los cambios en la supervisión de la prensa y otros medios de comunicación, y la nueva legislación que permitía al gobierno despedir sumariamente a funcionarios públicos, dañaron más aún la libertad de expresión.[16] Los poderes del Tribunal Constitucional fueron restringidos y se modificó el método de elección de sus miembros para excluir nombramientos de la oposición.[17]

Este ejemplo nos ayuda a identificar las instituciones más vulnerables a la toma del poder político o al "secuestro" partidista. Estas instituciones constituirían una especie de "primera línea" de defensa democrática. Más aún, en el mundo moderno, debido a que la carrera hacia el poder absoluto tiene a menudo su casilla de salida en las elecciones, una estrategia básica para aquellos que buscan el poder podría consistir en tomar el control de las instituciones diseñadas para garantizar el juego limpio electoral, incluyendo los tribunales de justicia. Asimismo, podría tomarse el control de los medios de comunicación colocando a seguidores en puestos clave de las instituciones garantes de la imparcialidad de los medios de propiedad estatal.

El examen de determinadas secciones del cuerpo político para evaluar las posibilidades de la selección por sorteo muestra claramente la importancia estratégica de la defensa de las relaciones políticas arbitradas. Al mismo tiempo podemos estar seguros de que no hay otra forma mejor de defender la propiedad común del proceso político que la participación activa de los ciudadanos a intervalos regulares, sistemáticamente. Ahora es preciso investigar cómo enfocar y lograr mejor esta participación.

Teniendo esto en mente, comenzaré por la constitución misma. Pasaré al poder judicial, el sistema electoral, la política de representación, la policía y el ejército, el gasto público y los medios de comunicación.

Constituciones

La primera área de aplicación que me gustaría considerar es la de las constituciones, su redacción, promulgación, defensa y enmienda. En cada fase del establecimiento de una constitución, se aplicarán diferentes prioridades de participación ciudadana. En la formulación, diseño y borrador de una constitución deben combinarse el trabajo de expertos en diseño constitucional con una extensa aportación de todos los grupos interesados. Puesto que la ampliación de la consulta opera con espíritu de inclusión, depender únicamente de grupos seleccionados por sorteo podría ser problemático. Ello se debe a que este método de selección también – por azar – *excluye*. Hay que calibrar racionalmente quién puede representar mejor qué intereses y quién está cualificado y experimentado para comprender las implicaciones de cualesquiera medidas que estén siendo consideradas.

14 FIDESZ - Unión Cívica Húngara: partido político de ideología conservadora y nacionalista.
15 Bozoki (2012) p. 2. Bertelsmann Stiftung (2012) pp. 8-10.
16 Human Rights Watch (2012).
17 Bánkuti, Halmai, Scheppele. Lane (2012) p. 139; Rupnik (2012) p. 133.

No obstante, ya que una constitución es un pacto fundacional entre todas las partes, podrían surgir serias dificultades si el proceso de redacción de los términos del acuerdo estuviera bajo el control, o pareciera estarlo, de grupos partidistas embarcados en una manipulación del mismo para sus propios fines. Para evitar esto, un número de observadores elegidos por sorteo, cuyo trabajo consistiría en informar de cualquier cuestión problemática a un foro más amplio de decisión, podría respaldar a los pequeños grupos de expertos. Yo creo, sin embargo, que el principal factor en la preservación de la imparcialidad del proceso de diseño y desarrollo constitucional sería la existencia de un cuerpo clave mediador, articulador, que tuviera el respeto y la confianza de los principales grupos de interés. La selección de este cuerpo podría implicar algunos elementos de selección por sorteo tales como el nombramiento de algún tipo de presidente o la inclusión de ciudadanos observadores. El proceso podría adquirir más legitimidad incorporando foros de ciudadanos seleccionados por sorteo en puntos clave del procedimiento. Especial atención requeriría, sin embargo, garantizar que estos no se convirtieran en sorteos ponderados o sorteos que simplemente reflejen las estructuras de poder o patrones de dependencia de la sociedad en cuestión. Esto podría ser problemático en determinadas situaciones post-conflictivas o en sociedades con divisiones profundas.[18]

Como observación general, pienso que el uso del sorteo debería limitarse a la periferia o a áreas transicionales del proceso de diseño y consulta constitucional y a cuestiones de forma y estructura, antes que de contenido. La asignación de facilitadores a diferentes áreas por sorteo durante el periodo de consulta podría ser uno de ellos. Otro podría ser la selección y asignación de supervisores para garantizar el juego limpio en un referéndum constitucional.

Una vez promulgada, una constitución requiere defensas, pero también capacidad de enmienda y mejora. Estas dos funciones están interconectadas: la vía al autoritarismo suele comenzar con una enmienda constitucional estratégica. La dificultad surge al diferenciar entre enmiendas de poco contenido substantivo y diseñadas únicamente para garantizar el funcionamiento fluido de la constitución, y las de naturaleza más seria. Más aún, puesto que las enmiendas constitucionales son asuntos de Estado, no deberían necesariamente ser decididas únicamente por aquellos que son elegidos para el gobierno. Es por esta razón que se encargan estas tareas a los tribunales constitucionales o grupos especiales. Donde la ciudadanía activa tendría algún valor en este proceso es a la hora de determinar qué enmiendas deberían ser decididas en un proceso amplio e inclusivo, análogo al acuerdo constitucional original, y qué debería dejarse en manos de grupos reducidos o a miembros de instituciones electas. Ciudadanos observadores o supervisores del tribunal constitucional (este, incluso, formado tal vez por miembros elegidos por sorteo de entre un número de expertos) podrían encargarse de esta tarea, e informar a foros ciudadanos creados al efecto, para sopesar la necesidad de un referéndum. De esta forma, el elemento del sorteo se combinaría con y en apoyo de la democracia directa.

El poder judicial

El jurado seleccionado por sorteo constituye un elemento clave en la vinculación de la ciudadanía con el sistema judicial y en la defensa de su independencia. Ha evolucionado como un modo habitual de participación de los ciudadanos en las actividades del Estado, donde confluyen los derechos y responsabilida-

---

18 Ver sección "Sorteos ponderados y ciudadano independiente".

des de una ciudadanía autorregulada. En su forma fundamental deliberativa constituye la dieta básica de la democracia y su misma existencia sirve de defensa contra la tiranía y el poder arbitrario – incluso si esta función solo es visible o manifiesta en determinados casos. La selección por sorteo de los miembros de un jurado, además, contribuye a la defensa del sistema judicial frente a varios tipos de corrupción, mayores y menores. Este es el principal valor del sorteo respecto al poder judicial. En este contexto los problemas no se deben a la forma básica de selección por sorteo, sino al hecho de que, en muchas ocasiones, el jurado no se sustenta en valores éticos sólidos sobre derechos y responsabilidades, que son característicos de la sociedad en su conjunto. Creo que los ciudadanos de una democracia más participativa valorarían más los jurados como institución.

Una extensión útil del jurado en la esfera del poder judicial podría ser el uso de jurados múltiples en casos de alto interés público con posibles consecuencias políticas importantes. Un uso potencial sería el procesamiento de funcionarios por la filtración de información confidencial que ellos alegaron como de interés público. Múltiples jurados, consistentes en, digamos, 3 o 5 grupos de 12, retendrían el elemento de deliberación en grupo reducido en la institución, pero aportarían una mayor legitimidad política a la decisión por el mayor número de ciudadanos implicados. El jurado original entonces sería responsable de transferir tales casos a un jurado múltiple tras oír argumentos a favor y en contra de la medida.

Otros procedimientos en los que el principio de selección por sorteo podría operar incluyen la distribución por sorteo de los jueces a los casos y el uso de grupos de vigilancia ciudadana sobre los instrumentos de designación de jueces, garantizando que el proceso seguido y la decisión alcanzada lo fue independientemente de consideraciones partidistas. Esto podría ser particularmente importante en países en desarrollo con sistemas judiciales relativamente nuevos.

Elecciones

Especialmente en las democracias recientes, observadores elegidos por sorteo de entre la ciudadanía podrían servir de apoyo a organizaciones internacionales de supervisión de elecciones. Se trata de un papel mediador, y a los ciudadanos seleccionados para este cometido se les exigiría un estricto código de conducta. Podría proporcionarse la formación necesaria y los ciudadanos serían distribuidos por sorteo en equipos y áreas de actividad. Además, ciudadanos seleccionados por sorteo podrían formar parte de los organismos encargados de fijar las demarcaciones electorales. Debido a su estatus de interés público, los jurados múltiples se usarían para procesar infracciones de la ley electoral.

Sistemas políticos representativos

Con el objeto de contribuir a tender puentes entre la política y los ciudadanos en general, grupos de estos elegidos por sorteo podrían actuar como intermediarios entre la ciudadanía y sus representantes electos, mediante la supervisión del trabajo de estos últimos. Las responsabilidades de estos ciudadanos serían principalmente dos: (a) controlar la conducta (financiera y otras) de sus representantes electos, y (b) colaborar en tareas de enlace entre los ciudadanos y sus representantes electos. Grupos de vigilancia de este tipo podrían supervisar las finanzas de los cargos públicos, servir de salvaguarda contra la corrupción, asistir a sesiones abiertas de control entre diputados y sus electores, recibir peticiones y mantener una página web con las actividades del miembro y su archivo electoral. Vigilarían las conductas indebidas – quizás incluyendo la potestad sancionadora para casos graves. Un grupo así formaría un primer punto de contacto fiable para aquellos ciudadanos preocupados por la corrupción institucional o por problemas similares.

Esta organización se concibe como un proceso de ida y vuelta, informando a la ciudadanía de la actividad de su diputado y acercando el gobierno a los ciudadanos. Si el esquema operara sobre la base de una rotación anual, podría celebrarse anualmente un congreso extraordinario de ciudadanos observadores donde se debatiría sobre sus experiencias y se propondrían ideas de mejora. Los ciudadanos que hubieran tomado parte en este tipo de esquema podrían ser animados a presentarse ellos mismos a las elecciones o podrían formar parte del grupo a sortear para otros cargos – también sorteados – tales como miembros de la segunda cámara o supervisores del tribunal constitucional.

Ejército y policía

Instituciones como el ejército, los servicios de inteligencia y la policía operan, por necesidad, mediante el uso de poder concentrado ejercido de manera jerárquica. Poseen asimismo la capacidad de usar fuerza coercitiva. Por esta única razón es importante que esos cuerpos respondan ante la ciudadanía. Se podrían emplear tribunos y ciudadanos observadores en la policía, los servicios de inteligencia y el ejército para garantizar que sus actos se ajustaran a su papel constitucional.[19] Las quejas contra la policía podrían ser objeto de investigación especial a cargo de expertos (elegidos por sorteo), acompañados de ciudadanos observadores, y las conclusiones podrían someterse a la decisión de jurados especiales.

En la esfera militar la distinción política clave separa el papel defensivo del ejército de su posible implicación en tareas de mantenimiento del orden civil. En términos de su estatus constitucional, la transición del gobierno civil al militar (normalmente tras la asunción de poderes especiales) es un paso delicado e importante. Para añadirle legitimidad, podrían estar avaladas por miembros de un órgano ciudadano, quizás junto a supervisores constitucionales o miembros de la segunda cámara. Una vez se hubiera iniciado la acción militar en la esfera civil, se incorporarían observadores elegidos por sorteo a la cadena de mando del ejército para controlar posibles abusos de poder y prevenir acciones partidistas en el ejército. En países donde existan milicias ciudadanas, sus unidades podrían incorporarse a las unidades militares en momentos de emergencia civil, con la correspondiente inclusión de ciudadanos en la cadena de mando.

Gasto público

En democracias impositivas donde el gasto público y los impuestos van claramente ligados al principio de representación, establecer algún tipo de vigilancia sobre la gestión de las empresas financiadas con dinero público contribuiría a mejorar la comunicación entre sus directivos y los ciudadanos. De nuevo, aquí es importante que los grupos seleccionados por sorteo no usurpen el papel decisorio de los órganos electos, pero pueden ser valiosos para vincular las actividades de las instancias no electas al sistema electoral de rendición de cuentas. Esto puede hacerse, por ejemplo, asegurando la transparencia y mejor conocimiento público (de quien paga impuestos) de las actividades de tales organizaciones.

---

19 Véase nota 9, a propósito de "tribuno" y "tribuno de la plebe".

La idea del ciudadano observador o tribuno tendría un importante papel en este tipo de organizaciones. Pequeños grupos de ciudadanos seleccionados por sorteo asistirían a las reuniones de los cuerpos de inspección y decisión relevantes de las industrias nacionalizadas u otras empresas financiadas con impuestos en los ámbitos de la salud, el transporte y la educación. Su papel consistiría en formular preguntas, informar al público y remitir determinados asuntos a grupos más amplios de ciudadanos o a cuerpos electos para su discusión y la toma de decisiones que corresponda.

Medios de comunicación

La independencia de la prensa y los medios de comunicación son esenciales y vitales para el mantenimiento y la defensa de un gobierno abierto en una sociedad libre, frente a la arbitrariedad o el gobierno autoritario. Sin embargo, puesto que se trata de una concentración de poder que mayormente no tiene que rendir cuentas, los medios pueden transformarse rápidamente en enemigos de la democracia. Aunque la regulación estatal de los medios sería una solución inaceptable, la independencia de la prensa y de los medios podría ser preservada mediante una regulación establecida por la misma ciudadanía que contuviera los excesos y frenara los abusos de poder. Quizás la manera más clara de expresarlo, o de ponerlo en práctica, fuera la autorregulación permanente de los medios, asistidos por los ciudadanos. De nuevo, la pauta de la vigilancia o los ciudadanos observadores que informen a cuerpos de ciudadanos más amplios podría ser la mejor forma de llevarlo a cabo. Aunque los ciudadanos seleccionados para servir en los comités de medios de comunicación o en paneles de regulación de la prensa ocuparan cargos públicos y, por tanto, fueran miembros del Estado (no confundir con el gobierno), se les exigiría actuar y juzgar en su capacidad de ciudadanos independientes.

Una cuestión importante en la regulación de la prensa es el establecimiento de un equilibrio entre la protección de la vida privada de los individuos y el servicio al interés público. Hay un papel posible para ciudadanos seleccionados por sorteo que ocupen cargos públicos en este contexto. Los jurados ciudadanos podrían servir, por ejemplo, para determinar si son de interés público ciertos artículos o programas donde quedan expuestas las vidas privadas de las personas.

Conclusión

Comencé esta sección examinando varios principios que creo que deberían informar la aplicación de la selección por sorteo en el tipo de democracia ciudadana que presento en esta obra. Los sorteos deben ser usados donde quede claro cómo sus cualidades pueden contribuir directamente a la tarea u operación a la que son aplicados. La selección por sorteo debería ser usada, principalmente, para promover elementos e instituciones de arbitraje, en apoyo de tomas colectivas y racionales de decisión, para promover el desarrollo político de la ciudadanía de manera sensata y eficiente. En conjunto, puede decirse que, a más participación ciudadana en la democracia, más sólidas serán sus defensas. A la vez, cuanto más sólidas sean las defensas de las instituciones democráticas, más oportunidades y canales para la participación ciudadana. Las implicaciones prácticas de esto son que algunas instituciones deberían tener un valor defensivo, estratégico, más grande, mientras que otras funcionarían principalmente para desarrollar la participación ciudadana. Estas formarían posiblemente instituciones de entrada similares en su distribución y aplicación al jurado seleccionado por sorteo.

De acuerdo con los principios explorados anteriormente, ha sido posible proponer una serie de ideas relativas a la forma o formas que tomarían las instituciones que usen la selección por sorteo. Estas podrían incluir supervisores o tribunos actuando de ciudadanos observadores, selección por sorteo de miembros para una segunda cámara legislativa, foros amplios de ciudadanos y sorteo de puestos especializados entre un número reducido de expertos. Existen, probablemente, muchas otras formas posibles: la necesidad es, habitualmente, la madre de la invención. Sin embargo, esta lista de algunas ideas proporcionará, espero, puntos de partida para más pensamiento creativo sobre la materia, especialmente sobre cómo diferentes instituciones pueden complementarse mutuamente o trabajar juntas en una organización constitucional.

Finalmente, exploré algunas posibilidades de diseño institucional con selección por sorteo con relación a diferentes áreas de la constitución. De nuevo, no es una lista exhaustiva, pero constituye un punto de partida para la exploración de otras ideas para otras circunstancias o tradiciones políticas. Una de las conclusiones clave que surgieron de esta discusión fue la importancia de combinar instituciones que implican selección por sorteo con otras formas democráticas como cuerpos electos y referéndums. Fue posible visualizar asimismo cómo algunos ocupantes previos de cargos podrían formar parte del grupo de sorteados para puestos que requerirían más experiencia.

Podemos ahora combinar estas sugerencias y exploraciones con uno de los principios desarrollados antes: que los sorteos solo deberían ser empleados como apoyo del proceso racional y moral de toma colectiva de decisiones. El valor de esta síntesis puede resumirse en la idea de que las instituciones gestionadas por ciudadanos sorteados funcionarían mejor *en algún lugar entre la reunión a puerta cerrada y el referéndum.*

El referéndum define lo absoluto en la toma colectiva de decisiones porque es la ciudadanía en su conjunto la que es interrogada en cuanto a su opinión (particular) sobre la cuestión que sea. Lo que un referéndum no hace, sin embargo, es desarrollar la participación cualitativa del ciudadano en los detalles minuciosos del día a día de las tareas de gobierno. En el otro extremo de la escala, muchas decisiones, por su propia naturaleza, deben ser tomadas en reuniones a puerta cerrada por pequeños grupos de expertos comprometidos. La participación en masa no es apropiada para todas las decisiones en todas las áreas del Estado, pero desafortunadamente las decisiones a puerta cerrada pueden ser propensas a la corrupción o al uso de información privilegiada. Si los ciudadanos seleccionados por sorteo son empleados sistemática y hábilmente dentro de sus límites de tal forma que sirvan de enlace entre el gobierno y el pueblo, las decisiones a puerta cerrada pueden recibir algo de la legitimidad del referéndum. A la vez, la participación regular de los ciudadanos en la defensa del proceso político podría conferir al referéndum algo de la eficiencia de las decisiones a puerta cerrada, simplemente porque más ciudadanos tendrían una experiencia directa de los asuntos de Estado.

Quiero finalizar esta conclusión planteando un problema. Un problema que nos va a llevar a la sección final del texto: si la selección de ciudadanos por sorteo para cargos públicos debería ser voluntaria o forzosa. En otras palabras, ¿se le podría *exigir* a un ciudadano, si fuera elegido, tomar posesión de su cargo, como parte de su deber como tal ciudadano? Responder a esta pregunta es extremadamente difícil. Si la participación es voluntaria el argumento es que ello solo servirá para crear una élite de ciudadanos voluntarios y marginar a aquellos que no están interesados en el proceso político. Por otro lado, la participación obligatoria podría dejarnos a merced de agentes abúlicos sin interés por las responsabilidades de los puestos que ocupan. En la próxima sección plantearé cómo se podría dar forma y sostener estas nuevas democracias ciudadanas en el mundo moderno. Hacerlo así, espero, nos abrirá a un contexto más amplio donde enfrentarse al problema.

Sección cuarta: democracias ciudadanas en el mundo moderno

Para alcanzar una comprensión más clara de cómo podrían desarrollarse las democracias ciudadanas de este tipo en las condiciones actuales, necesito, primero, decir algo sobre cómo entiendo yo este proyecto en un contexto más amplio.

Vivimos en un mundo dividido en ricos y pobres, poderosos y desempoderados. Nos enfrentamos, además, al gran problema de gestionar el medio ambiente a largo plazo. La propuesta presentada en este ensayo no relega a un segundo plano las demandas de justicia y sostenibilidad. Por el contrario, son el centro de sus inquietudes. Si queremos progresar en cualquiera de esos frentes, necesitamos compromiso político, necesitamos desarrollo político y necesitamos madurez política. Entiendo por ello la capacidad colectiva de resolver problemas de la forma más eficaz y racional posible y de alcanzar consensos sobre el interés general en cualquier situación. En la práctica esto significa que la forma y estructura de la política requieren tanta atención como sus resultados. De hecho, esta propuesta de democracia ciudadana parte de la premisa de que, si el proceso político es propiedad común, se halla bajo el control constante de toda la ciudadanía y se funda en el principio de imparcialidad, sus conclusiones serán aceptables por todos y factibles.

El concepto clave en esta propuesta de un marco de democracia ciudadana es el autodesarrollo político del cuerpo ciudadano mismo. Un texto-borrador como este solo puede plantear algunas ideas, principios y posibles direcciones. El tomar estas ideas – o parecidas – y ponerlas en práctica mediante un proceso de crítica, adaptación y aplicación creativa, depende del propio cuerpo ciudadano, de quienes conocen su propio medio político y conocen de primera mano sus problemas. El prerrequisito principal de la democracia ciudadana, por tanto, es una ciudadanía políticamente consciente, que comprenda su propio papel motriz y entienda lo que está defendiendo y por qué lo defiende. Por tanto, cuando hablamos de valores ciudadanos en este contexto, o de derechos y responsabilidades, entendemos que todo ello se forja en la práctica por la ciudadanía misma, a partir de sus propias ideas. Lo que este texto pretende, en consecuencia, es solo estimular el proceso consciente construcción constitucional y dar algunas pautas.

Desde esta perspectiva política, la selección por sorteo no se propone como medio de reflexión sobre esta sociedad atomizada, fragmentada, de intereses predominantemente egoístas en la que vivimos. Se presenta más bien como una medida más, entre otras posibles, capaz de cambiar para bien las formas existentes de democracia y, a partir de ahí, defender de la corrupción y la usurpación el desarrollo de un nuevo proceso político. Pueden ser parte de este proceso cuestiones tales como la educación ciudadana, la retribución de los puestos y los controles anticorrupción a establecer cuando un ciudadano toma posesión de un cargo público. Mi punto de vista incluye una especie de relación recíproca entre el cargo público y el ciudadano. La ciudadanía será capaz de aportar sus experiencias vitales, mientras el cargo público introduce a la ciudadanía en el mundo relativamente nuevo de la vida política y sus responsabilidades. Lo importante es que este proceso supone un programa de construcción constitucional consciente, definido y realizado por los propios ciudadanos.

Desde este punto de vista, por tanto, es posible empezar a entender, bajo una nueva luz, cuestiones como el debate entre participación voluntaria y obligatoria, el cual es casi imposible que pueda resolverse desde una perspectiva abstracta, moral, sino en términos prácticos en un contexto de resolución de problemas en el que las desventajas de una institución puedan ser contrarrestadas con las ventajas de otra. Cuando unos ciudadanos activos están defendiendo su constitución, está claro que es mejor para todos si son traídos a la arena de la actividad ciudadana aquellos que, por cualquier razón, permanecen "inactivos". Esto no supondría una coerción ejercida por una élite de Estado *contra* su ciudadanía, sino una cuestión de repartición de responsabilidades entre aquellos que se benefician del sistema en su conjunto.

Al mismo tiempo, en la atmósfera cambiante o cambiada de una genuina democracia ciudadana, la participación voluntaria significaría participar en la defensa conjunta de un sistema conjuntamente compartido. En esas circunstancias, la motivación e incentivos de presentarse uno mismo sería diferente, totalmente, de aquellos que son voluntarios en un sistema político dominado por las rivalidades de grupos de élites.

En este contexto, por tanto, debería ser perfectamente posible en una democracia ciudadana desarrollar diferentes sistemas de selección por sorteo, obligatorios unos y de compromiso voluntario otros. Podría diseñarse un sistema de recompensas e incentivos para promoverlos. Si, por ejemplo, una democracia de ciudadanos del futuro implicara alguna forma de conscripción social, quizás ligada a algún tipo de salario básico o exención de impuestos, entonces la ocupación política de puestos podría formar una posible esfera de actividad en este marco.

La consideración de la democracia ciudadana como un proceso en marcha, nos ayuda a comprender cómo podrían ser abordados diversos problemas particulares en un diseño constitucional e institucional. Concluiré este texto volviendo a algunas de las implicaciones más importantes y el sentido general de la dirección de esta propuesta.

Como sugerí anteriormente, este marco está inextricablemente vinculado a la noción de autodesarrollo de la ciudadanía. Esto puede expresarse con la idea de establecer lo que llamo una "relación comprometida" entre el ciudadano y su medio ambiente político, que permita resolver pacíficamente las cuestiones fundamentales de la distribución justa y sostenible de los recursos del mundo. La selección por sorteo tiene la capacidad de crear una nueva relación directa entre el ciudadano y el Estado: una relación, respecto al acto de selección, no mediada y libre de la influencia de cualquier partido. Su empleo sistemático puede asimismo dar lugar a un Estado que los ciudadanos consideren tanto su *pertenencia*, como su propiedad. Desde estas dos proposiciones se deduce que este tipo de Estado genera y desarrolla un nuevo tipo de ciudadano.

Esta propuesta, en un sentido, además, supone un desafío a las tradiciones tanto de la izquierda como de la derecha, en la forma que han tomado a finales del siglo XX – una forma que determina gran parte de la actividad política. Comenzaré por la izquierda. Por decirlo claramente, la voz dominante en este periodo por una distribución más igualitaria de los recursos mundiales, el marxismo y sus variantes, no ha desarrollado un concepto de imparcialidad en su vocabulario político. Ello se debe principalmente a que esta escuela de pensamiento se fundamenta en el choque de poderosos opuestos económicos, cuyos productos políticos e intelectuales son considerados necesariamente partidistas. Por ello, su visión del proceso político ha sido limitada, ampliamente instrumentalista, con una capacidad igualmente limitada para la innovación democrática. La consecuencia histórica ha sido que, durante y después de la Guerra Fría, quienes afirmaban alzarse por los pobres de la tierra fracasaron a la hora de desarrollar una agenda democrática capaz de oponerse a la de los países más ricos. De hecho, la defensa del comunismo marxista ha llevado invariablemente a la tiranía, la concentración de poder al servicio de una ideología y a la supresión de la expresión política. Aunque la izquierda moderna ha renegado de esta parte de su legado, yo sugeriría que no ha recuperado aún la agenda democrática suficiente como para, en esta área, proporcionar liderazgo a escala mundial.

El desafío para la izquierda, por tanto, ante esta propuesta, basada en asumir el proceso de sorteo, es introducir el concepto de imparcialidad como un elemento central de su línea política y trabajar en primer lugar por establecer instituciones mediadoras justas y fiables. Desde este espacio estable y sostenible de propiedad común del proceso político, garantizado por la selección por sorteo, pueden abordarse las cuestiones sociales y económicas básicas.

El desafío a la derecha es más difícil de precisar. Ello se debe a que la derecha no es tan fácil de definir y a que muchos de sus miembros han sido, durante mucho tiempo, activos partidarios de la democracia electoral. Así, a menudo resulta difícil separar la sustancia – el fondo – de la retórica de la democracia y de la democratización o distinguir a los demócratas genuinos de aquellos que se sirven de la democracia únicamente con otros objetivos. La democracia liberal, con su énfasis en el gobierno por consentimiento de los gobernados y la forma de rendición de cuentas que genera comparte, de hecho, muchos rasgos con el tipo de sistema descrito en esta propuesta. La libertad de expresión política sobre la cual prospera la democracia liberal es una condición previa de cualquier democracia ciudadana genuina. Es asimismo cierto que muchas democracias maduras – particularmente aquellas que han emprendido una transición larga pero sostenida tras un gobierno autoritario – poseen instituciones imparciales fuertes y mediadoras y el respeto por el tipo de proceso político que surge de ellas.

Donde esta propuesta desafía el paradigma democrático liberal (de la izquierda, la derecha o el centro) es, primero, en la mayor participación ciudadana y, segundo, en la imparcialidad y, en particular, la exigencia de imparcialidad estatal. Como hemos visto, esta propuesta prevé una mayor participación ciudadana entre elecciones y, por tanto, una mayor y mejor rendición de cuentas de las organizaciones y representantes políticos al conjunto de la ciudadanía. Ello puede considerarse una mejora de la democracia liberal, puesto que estas medidas funcionarían en apoyo del proceso electoral. La diferencia, sin embargo, es que el núcleo de esta forma de democracia es el ciudadano independiente (no-dependiente) activo, más que el político profesional, el tecnócrata de las relaciones públicas, o el asesor de campaña de un partido.

El desafío en términos de imparcialidad cuestiona la afirmación de que, en la democracia liberal, el Estado, el organismo que preside la sucesión de gobiernos elegidos por votación, no es partidista. No es fácil corroborar esta afirmación en una democracia liberal. Por el contrario, en la nueva democracia ciudadana presentada aquí, la citada afirmación puede formularse justificadamente, por la implicación de los ciudadanos elegidos por sorteo en cada vez más instituciones y por el uso de esos cargos para garantizar que las instituciones sigan siendo genuinamente transparentes. Esta propuesta, en consecuencia, se toma en serio la idea liberal de imparcialidad y muestra cómo puede trasladarse a la realidad política.

Yo sugeriría que el modelo de democracia ciudadana presentado en este texto podría tener un valor considerable para aquellos países que han iniciado recientemente la transición al régimen democrático, donde este se basa primaria o exclusivamente en el modelo electoral. La democracia de ciudadanos es capaz de generar una gran participación ciudadana, pero puesto que esta participación tiene lugar en un contexto arbitrado, contribuye a la estabilidad más que a una posible violencia entre facciones. La creación de una "tercera fuerza" de ciudadanos defensora del proceso político puede limitar la tendencia de las elecciones a convertirse en procesos tipo "el ganador se lo lleva todo", o la tendencia de las nuevas democracias a degenerar en luchas intestinas de facciones que llevan a puntos muertos políticos, a conflictos abiertos... o incluso a las dos cosas.

Reflexiones finales

Reconozco que he planteado aquí muchas cuestiones que precisan más detalle, más investigación y más discusión. Las constituciones e instituciones discutidas, por ejemplo, lo han sido con respecto al Estado-nación, dedicando poca atención a la selección por sorteo de ciudadanos a nivel local o internacional – algo de gran potencial. Diría que a esos niveles los principios básicos podrían funcionar de forma parecida, pero los detalles prácticos y las implicaciones políticas serían bastante diferentes. Sería muy útil más investigación.

Del mismo modo, el espacio disponible en este tipo de publicación solo me permite examinar brevemente las posibles implicaciones de esta propuesta con relación a las ideas políticas contemporáneas y las tradiciones de pensamiento existentes. Se podría hacer mucho más para completar el cuadro.

Reconozco asimismo que solo he esbozado una breve visión de conjunto de las posibles aplicaciones de la selección por sorteo y que no me he referido a ejemplos particulares. En cierto sentido, esta sería la tarea de los grupos y movimientos ciudadanos de cada país: ellos conocen las condiciones locales y saben, por ejemplo, qué instituciones necesitan más protección.

Este texto está pensado para estimular la discusión. Propone un modelo o forma posible de democracia ciudadana inspirado en las cualidades del sorteo, del valor político de las instituciones de arbitraje y de la idea de una ciudadanía activa, comprometida. No es ni el único modelo de estructuras políticas bajo control ciudadano, ni la última palabra sobre el uso sistemático de la selección por sorteo. Sin embargo, es el que yo creo posible en el mundo actual, siquiera porque se alza sobre los logros de la democracia electoral y plasma el imperativo tradicional – puntal de todo pensamiento y acción genuinamente democráticos – de proteger el proceso político contra la tiranía.

Podrá haber otros modelos y otras características de otros modelos... Solo espero que los ciudadanos que lean este texto con interés y seriedad lo consideren un intento honesto de hacer prosperar, asegurar y reafirmar los ideales democráticos en nuestros turbulentos tiempos.

Resumen de argumentos e ideas

1. El proyecto y propuesta se basa, primeramente, en las cualidades del proceso de sorteo y es una respuesta a la pregunta: "¿Qué valor puede aportar este medio particular de selección al proceso político?".

2. Se basa asimismo en la observación de que un gran distanciamiento entre la ciudadanía y el cuerpo político (en todas sus formas) no beneficia a ninguno de los dos. Una democracia que funcione bien busca llenar este hueco.

3. Una de las cualidades políticas más importantes del sorteo consiste en su capacidad para eliminar las relaciones de poder en la toma de decisiones. Así, el uso de la selección por sorteo es valioso para la selección de cargos públicos porque posee la capacidad de impedir el poder de designación directa.

4. Donde es empleado, el sorteo establece una estructura de mediación entre los participantes. Aquí el sorteo actúa como una tercera instancia anónima, imparcial, de la toma de decisiones, o a la hora de establecer un marco en el cual las decisiones puedan ser tomadas con ecuanimidad.

5. Esta perspectiva, revelada a través del estudio del sorteo, nos permite entender todas las formas de pacto y el proceso político mismo como mediador por naturaleza. La creación de instituciones mediadoras imparciales y fuertes es, por tanto, sinónimo de creación y defensa del orden político. Ello constituye el elemento intelectual y práctico central del "marco" para la consolidación y defensa de la democracia.

6. Si los propios ciudadanos, a través del mecanismo de la selección por sorteo y a través del diseño basado en esta función y premisa, juegan el papel más importante en la defensa del proceso político, entonces podemos entender a los ciudadanos como dueños activos del proceso político.

7. En este contexto, pueden desarrollarse varios esquemas basados en el sorteo según sus diferentes propósitos. Los principios básicos son que tales esquemas: (a) empleen el área de *blind break* positivamente; (b) fortalezcan los elementos e instituciones mediadores; (c) respalden tomas de decisión racionales y colectivas; (d) fomenten el desarrollo político de la ciudadanía; (e) sean usados eficientemente.

8. Quizás la mejor forma de pensar el diseño institucional de modelos que impliquen la selección por sorteo basado en este principio sea la idea de que deberían usarse para vincular diversos procesos democráticos de toma de decisiones: operando "entre la reunión a puerta cerrada y el referéndum".

9. Donde el sorteo es usado para limitar el poder de designación directa y así impedir la corrupción, su eficacia podría ponerse en peligro si los sorteos devienen "ponderados" (caracterizados por la interpretación de los sorteados y su resultado únicamente en términos de grupos). Insistir con firmeza en el papel mediador de una ciudadanía independiente puede evitarlo.

10. La realización práctica de disposiciones de este tipo se comprende mejor como un proceso de construcción constitucional consciente por parte de los propios ciudadanos, en el que las decisiones particulares y las estructuras institucionales resultantes darían respuesta a sus problemas concretos.

Fuentes citadas

Aristóteles (2003) *Política*, introd., trad. y notas de Carlos García Gual y Aurelio Pérez Jiménez. Madrid, Alianza Editorial (El libro de bolsillo. Clásicos de Grecia y Roma) [4ª reimp.; 1998[1]].

– (1987) *La Constitución de Atenas*, introd., trad. y notas de Aurelia Ruiz Sola, en Ruiz Sola, A. (1987) *Las constituciones griegas*, Madrid, Akal (Col. Akal / Clásica), 7-93.

Bánkuti, Miklós; Halmai, Gábor; Scheppele, Kim Lane. (2012) 'Disabling the Constitution' *Journal of Democracy*, July 2012, Vol. 23, No. 3. pp. 138-146. John Hopkins University Press,

Bertelsmann Stiftung. (2012) *Transformation Index (BTI)* http://www.bti- project.de/fileadmin/In-halte/reports/2012/pdf/BTI%202012%20Hungary.pdf

Bozóki, Andràs. (2012) *The Crisis of Democracy in Hungary.* Heinrich Böll Stiftung. http://www.boell.de/worlwide/europenorthamerica/europe-north-america-andras-bozoki-the-crisis-of-democracy-in-hungary-14645.html

Delannoi, Gil & Dowlen, Oliver (Eds.) (2010) *Sortition. Theory and Practice.* Exeter: Imprint Academic.

Dowlen, Oliver (2008) *The Political Potential of Sortition. A Study of the Random Selection of Citizens for Public Office.* Imprint Academic, Exeter.

Heródoto (1999) *Historia.* Colección Letras Universales. Madrid: Ediciones Cátedra.

Human Rights Watch (2012) *Memorandum to the European Union on Media Freedom in Hungary.* Feb. 16th 2012. < http://www.hrw.org/print/news/2012/02/16/memorandum-european-union-media-free> [Consultado 30/12/2012].

Godwin, W. (1971) *An Enquiry Concerning Political Justice.* Abridged and ed. Carter, K., Codell (Kay Cordell). Clarendon, Oxford.

Green, R.H. (1910) "Lot Meadow customs at Yarnton, Oxon." *Economic Journal.* Vol.20, No. 77.

Koenig, J.C. (1977) *The Popolo of Northern Italy 1196-1274.* PhD. Thesis, University of California, Los Angeles.

Najemy, J.M. (1982) *Corporatism and Consensus in Florentine Electoral Politics, 1280-1400.* University of North Carolina Press, Chapel Hill.

Ostrom, E. (1990) *Governing the Commons. The evolution of institutions for collective action.* Cambridge University Press.

Rubinstein, N. (1966) *The Government of Florence under the Medici.1434-1494.* Clarendon, Oxford.

Rupnik, Jaques. (2012) "Hungary's Illiberal Turn: How Things Went Wrong." *Journal of Democracy.* Vol. 23, no. 3, July 2012.

Shapiro, M. (1981) *Courts: A Comparative Analysis.* University of Chicago Press.

«Sortition Newsletter of the Society for Democracy including Random Selection», Sec. Quarter 2001, n. 1, < http://www.sortition.com/archive/2001/issue1.html > [Consultado 20-1-2016].

Waley, D (1988), *The Italian City State Republics.* Longman, Londres y Nueva york.

Wolfson, A. M. (1899) "Forms of Voting in the Italian Communes." *American Historical Review.* Vol V. No.1 octubre 1899 pp.1-22.

Propuesta para implementar procesos de participación ciudadana por sorteo en Ayuntamientos

Jorge Costa Delgado

Este documento contiene dos propuestas para implementar la participación ciudadana por sorteo plenamente viables a nivel municipal a día de hoy en España, junto a unas indicaciones adicionales para reglamentar la participación de asesores en estos procesos. Al final, además, incluye algunos comentarios sobre las posibilidades que ofrece la coyuntura política actual para el sorteo. No es mi intención presentar el sorteo como una alternativa radicalmente opuesta a otras formas de participación ciudadana, aunque sí considero que introduce elementos muy valiosos que no están presentes en las asambleas presenciales de libre asistencia, en los procedimientos telemáticos que buscan ampliar el número de participantes sin cuestionar la premisa de la libre asistencia ni regular seriamente las desiguales competencias en cuanto al manejo de las nuevas tecnologías, o en las distintas formas de delegación a través de la elección de representantes, por mencionar los procedimientos más presentes en el debate actual sobre participación ciudadana. La introducción del sorteo en la política municipal debe complementarse con las instituciones y procedimientos ya existentes. Para ello, es necesario pensar muy bien –y esto es una decisión fundamentalmente política, aunque requiera información técnica– para qué puede servir cada herramienta y cómo se pueden orientar las distintas formas de participación ciudadana de manera que se saque lo mejor de ellas.

Las propuestas que aquí presento se centran fundamentalmente en el sorteo, aunque contemplan espacios de participación para los representantes de los partidos políticos presentes en el Ayuntamiento, y para los ciudadanos y asociaciones que libremente deseen participar en las materias de discusión. No se contemplan procedimientos telemáticos salvo en lo que respecta a la difusión de las distintas fases del proceso; aunque sin duda los "consejos deliberativos" y los "jurados ciudadanos" pueden enriquecerse incorporando estas herramientas en su justa medida. Sobre cuál sería esa justa medida, en lo telemático y en otras posibles formas de relación con los partidos políticos y la libre asistencia, no me pronuncio aquí. Tan solo una advertencia de carácter general: muchas de las virtudes del sorteo en la política tienen que ver con el hecho de que incorpora a personas generalmente ausentes (por no decir excluidas) de los espacios sociales donde habitualmente se toman decisiones políticas. Sería un error olvidar que es necesario salvaguardar esta potencialmente mayoritaria y a la vez frágil forma de participación de la excesiva injerencia de quienes por exceso de motivación y experiencia pueden vaciar de contenido la participación de ciudadanos poco habituados a estos espacios. Así, una cámara que incluyera con las mismas funciones y en los mismos espacios a ciudadanos sorteados y a representantes políticos, a avezados usuarios de las nuevas tecnologías o a abnegados militantes, es difícil que acabara por convertirse en algo más que una nueva manera de legitimar la actual división del trabajo en la política, sin resolver los evidentes problemas que esta plantea en la actualidad.

Una última cuestión antes de comenzar. Esta guía no es un texto académico al uso: si bien es fruto del trabajo en seno de un proyecto de investigación, también lo es de la estrecha colaboración con la agrupación política Por Cádiz Sí Se Puede, compuesta fundamentalmente por militantes de Podemos, que se presentó a las elecciones municipales de 2015 y gobierna la ciudad en coalición desde entonces. Creo que las propuestas que desarrollo a continuación son válidas para cualquier ayuntamiento español y probablemente puedan servir de inspiración para procesos de participación ciudadana en otros lugares. Los aspectos más específicos de las mismas, como las referencias a la legislación, los presupuestos, o el número de ciudadanos sorteados, deben considerarse en el contexto específico para el que fueron pensados: Cádiz, una ciudad andaluza de 120.000 habitantes, densamente poblada, capital de provincia y sin núcleos rurales; siendo perfectamente modificables y adaptables a municipios con diferentes características. He preferido conservarlos para subrayar la viabilidad técnica de las propuestas: la implementación del sorteo a nivel municipal no plantea problemas técnicos que no tengan fácil solución ni requiere recursos desorbitados, es simplemente cuestión de voluntad política.

Las propuestas se han enriquecido tanto con los aportes de compañeros del proyecto de investigación como con la discusión colectiva en espacios políticos, especialmente, pero no solo, en Cádiz. Este texto no hubiera sido posible sin ellos, pero los errores en los que pueda incurrir son exclusiva responsabilidad mía.

Consejos deliberativos

Los consejos deliberativos son una herramienta de democracia participativa que combina la deliberación de calidad con la participación ciudadana en la elaboración de propuestas y en la toma de decisiones políticas. El objetivo de esta propuesta es superar las limitaciones de una democracia representativa mal entendida, que aleja a los ciudadanos de la política municipal al no permitirles participar en las decisiones políticas que les afectan, limitando su rol a una sanción indirecta de la política llevada a cabo cada cuatro años, y las limitaciones de una democracia directa que enfrenta problemas de escala y representatividad si se opta por asambleas presenciales, o problemas de calidad en la deliberación y en la rendición de cuentas si simplemente se opta por la consulta o el referéndum. Para ello, se utiliza el mecanismo de la selección aleatoria a partir del censo electoral, organizando grupos de ciudadanos que, con formación previa y asesoramiento de expertos durante el proceso, escuchen y discutan las propuestas presentadas por colectivos e individuos sobre asuntos relevantes de competencia municipal.

A continuación se explica con detalle el procedimiento que tendría un Consejo deliberativo:

1. *Identificación del problema*

Se podrá hacer mediante dos procedimientos:

1.1 Iniciativa ciudadana: el proceso comienza con una recogida de firmas demandando abrir un consejo para tratar un problema. El número de firmas debe acomodarse a los límites que marque la normativa autonómica vigente, pero sería recomendable un porcentaje del censo lo suficientemente bajo como para estimular las iniciativas y lo suficientemente alto para cribar las que no tengan suficiente relevancia, de manera que no obstaculicen el funcionamiento del área de participación, o excedan los recursos disponibles para el Ayuntamiento. Para una ciudad de tamaño pequeño o medio (100.000-500.000 habitantes) un 3 % del censo puede ser recomendable, aunque puede ajustarse el límite en función de los resultados de la experiencia conforme avance el proceso. En este sentido, sobre todo al principio y si los recursos lo permiten, mi opinión es que más vale pecar de exceso de propuestas que limitar las iniciativas de una ciudadanía generalmente acostumbrada a la indiferencia o al recelo de las instituciones respecto a sus demandas.

1.2 Iniciativa de oficio: el Ayuntamiento define el problema sobre el que deliberará el consejo a propuesta de 1/3 de los concejales en el Pleno municipal. Es preferible esta opción a la mayoritaria para implicar a la oposición en la participación ciudadana y para que las propuestas que tengan un amplio eco social puedan salir adelante a pesar de la oposición de la mayoría del pleno.

1.3 Límites: dependen también de criterios económicos, no solo políticos. Algunos posibles límites serían:

   a) Número máximo de convocatorias al año, siempre ampliables si se trata de iniciativas ciudadanas.

   b) Número máximo de convocatorias promovidas por grupo municipal (partido político) al año.

   c) Hacer corresponsables de los gastos a los grupos municipales a partir de un determinado número de convocatorias, para sancionar el abuso de la herramienta.

   d) No se podrán celebrar dos consejos deliberativos sobre un mismo tema en la misma legislatura, a no ser que medie un informe favorable de un jurado ciudadano (ver más adelante la propuesta de los "jurados ciudadanos").

   e) Establecer un número mínimo de consejos de obligado cumplimiento: para evitar la supresión de facto de esta herramienta de participación vía recorte presupuestario.

2. *Elaboración de un Acuerdo Básico de Participación y composición del Equipo Técnico*

Además de recoger las medidas obligadas por la normativa vigente, dicho acuerdo incorporará las siguientes:

2.1 El proceso estará coordinado por el concejal de Participación ciudadana, con la colaboración de los concejales cuyas competencias estén relacionadas con el problema en cuestión. Entre todos nombrarán un equipo técnico encargado de organizar el proceso, compuesto por personal del Ayuntamiento.

2.2 Existe la posibilidad de incluir en este equipo a un representante de cada uno de los partidos políticos representados en el Ayuntamiento para supervisar el trabajo de los técnicos, de manera que se dificulte un uso partidista de las herramientas de participación por parte del Gobierno municipal. Podría otorgarse a estos representantes la capacidad de veto en determinadas decisiones, muy bien delimitadas, de manera que una herramienta pensada para garantizar la neutralidad no pueda utilizarse para bloquear el proceso.

2.3 Conforme se vaya normalizando el recurso a los ciudadanos sorteados en las instituciones, este espacio –el equipo técnico– es especialmente indicado para que ciudadanos que ya hayan participado en algún consejo deliberativo o jurado ciudadano puedan incorporarse para supervisar y asesorar al resto del equipo en su tarea.

2.4 Se publicarán con claridad y amplia difusión las distintas fases del proceso, aprovechando todos los medios que tiene el Ayuntamiento a su disposición.

3. *Propuestas*

Se abrirá un período de inscripción para que cualquier colectivo (incluidos los partidos políticos) o persona pueda presentar sus propuestas relativas al problema objeto de la deliberación. Para ello se tendrá en cuenta tanto la complejidad del asunto tratado, permitiendo un tiempo razonable para elaborar propuestas bien trabajadas, como la eficiencia exigida a cualquier organismo público, de manera que no se alargue el proceso innecesariamente. El equipo técnico organizará estas propuestas, agrupando las similares si fuera necesario, y los responsables de las mismas las presentarán en su momento ante los ciudadanos participantes en el consejo deliberativo.

4. *Tamaño*

50 personas titulares y 5 suplentes, que trabajarán divididas en grupos más pequeños para la deliberación. En este diseño de órganos de participación ciudadana, para los consejos deliberativos se busca cierta representatividad estadística de la población sobre la que se realiza el sorteo para reforzar la legitimidad de una cámara que va a tomar decisiones con carácter legislativo. La calidad de la deliberación puede resguardarse con la división en grupos pequeños para la deliberación y la elaboración del informe.

5. *Sorteo*

5.1 Se realizará a partir del censo municipal con correctivo de género y correctivos adicionales si el tema lo requiere, lo que deberá especificarse en el Acuerdo Básico de Participación: la posibilidad de veto contra los correctivos adicionales de una parte de los miembros del equipo técnico –grupos políticos representados en el Ayuntamiento, funcionarios o ciudadanos sorteados– puede establecerse como garantía contra el abuso político de los correctivos para sesgar la selección. Se sorteará siempre un número superior al tamaño requerido para el consejo deliberativo, para prevenir las posibles negativas a participar; conforme se vayan realizando consejos, se irá afinando el número más oportuno de sorteados. Entre aquellos seleccionados que voluntariamente deseen participar, se elegirán de nuevo por sorteo los titulares y los suplentes, aplicándose la cuota de género para preservar la paridad. En caso de que se considere la posibilidad de algún tipo de veto o recusación a los potenciales participantes, habrá que tenerlo en cuenta para realizar una preselección con un número de sorteados aún mayor.

5.2 Se compensará económicamente a los participantes por el tiempo dedicado a la política pública: 50 ó 70 € + dietas; además de una retribución simbólica (diplomas y acto con el alcalde). Se pueden pensar retribuciones alternativas en forma de servicios municipales: bonos de transporte, gratuidad en el uso de instalaciones municipales, etc.; aunque considero que una retribución económica directa sería aconsejable.

5.3 Se utilizará un programa informático para la selección sorteada, que ya funciona en el caso de los jurados populares en la Justicia a nivel provincial.

5.4 Requisitos para poder ser seleccionado en el sorteo: no ser representante político electo o ejercer cargos públicos de relevancia política, estar en plenas facultades mentales, ser mayor de edad, no tener asuntos penales pendientes.

5.5 El Ayuntamiento enviará una carta informando del proceso, las condiciones, las funciones a cumplir por los participantes en el consejo deliberativo y el objeto de la deliberación. Los técnicos de participación del Ayuntamiento atenderán las llamadas y las dudas de los futuros participantes hasta completar el censo requerido.

5.6 Posibilidad de veto por parte del Equipo técnico: seguramente los partidos políticos planteen reticencias sobre la capacidad o la imparcialidad de los ciudadanos sorteados. Mi recomendación es obviarlas en lo posible, ya que lo que tienen de fundado queda salvaguardado por los requisitos recogidos anteriormente y el resto es, en su mayor parte, expresión del corporativismo de un grupo social que ve amenazados sus privilegios (políticos, en este caso). Sin embargo, la implementación de esta cámara exige la colaboración de partidos políticos con responsabilidad de gobierno, por lo que quizás sea necesario atender estas demandas y alcanzar un compromiso que no altere sustancialmente el sentido político de este órgano. Una posible solución es enviar un breve cuestionario sobre el asunto de deliberación en la carta de contacto. Cada grupo municipal podrá leer las respuestas anonimizadas a los cuestionarios y recusar a un número limitado de potenciales participantes. De aprobarse esta medida, puede plantearse que sea obligatorio atenerse a una serie de criterios bien definidos para la recusación (imparcialidad, incapacidad...) o que no sea necesario justificarla, sobre la base de que un número limitado de recusaciones no altera estadísticamente la composición del consejo.

6. *Duración*

Dependerá de la complejidad del asunto a tratar. Una vez establecido el consejo deliberativo, es recomendable establecer un máximo de dos reuniones semanales (para que la participación sea compatible con las obligaciones laborales y familiares de los participantes) y un mínimo de 4 en total: 1 día de formación + 1 día para escuchar las diferentes aportaciones sobre el tema + 1 día para deliberación + 1 día para la elaboración del informe. En función de la complejidad del asunto o del número de propuestas presentadas, deberán ampliarse las sesiones dedicadas a escuchar las aportaciones sobre el tema y las sesiones de deliberación. Para respetar los límites presupuestarios y asegurar que los consejos sean operativos, se puede establecer un máximo de 10 sesiones o dos meses para las tareas del consejo. Debe tenerse en cuenta que, según se detalla a continuación, el proceso en su conjunto no se agota en la reunión de los ciudadanos sorteados:

hay fases previas, como la elaboración de propuestas por parte de los colectivos o personas interesadas, que no requieren que el consejo esté reunido para su desarrollo.

7. *Formación*

Los participantes recibirán una formación previa a cargo de miembros del equipo técnico, que explicarán la metodología, función de los participantes en el consejo y objetivos del proceso, y de los asesores jurídicos y científicos, que explicarán el marco legal aplicable al problema en cuestión y harán una breve introducción a la materia. Los asesores tendrán una reunión previa para tratar de acordar sus intervenciones. Intervendrán en este apartado:

7.1 Moderador profesional: será un trabajador con formación específica contratado por el Ayuntamiento y acompañará las deliberaciones del consejo durante todo el proceso.

7.2 Miembros del equipo técnico que coordina el proceso que no pertenezcan a los grupos municipales, aunque estos últimos puedan asistir para verificar el buen desempeño de los primeros.

7.3 Asesores jurídicos y científicos para los ciudadanos participantes: se garantizará el equilibrio de esta asesoría con un reglamento específico para su selección (explicado en un apartado posterior).

8. *Audiencia de propuestas*

8.1 Los colectivos (incluidos los partidos políticos) o personas inscritas en el plazo correspondiente presentarán sus propuestas relativas al asunto objeto de la deliberación en la manera en que el equipo técnico razonadamente lo determine. Aquí es posible establecer de nuevo un sistema razonable de vetos como garantía contra abusos. El equipo técnico organizará estas propuestas, agrupando las similares si fuera necesario, y los responsables de las mismas las presentarán ante los ciudadanos y ciudadanas participantes en el consejo deliberativo.

8.2 Se sorteará el turno de intervenciones de los proponentes y, una vez que todos hayan expuesto, se permitirá una breve ronda de réplica a los argumentos expuestos por las demás partes implicadas.

8.3 Los ciudadanos sorteados podrán plantear las preguntas que estimen oportunas a los responsables de presentar las propuestas durante su intervención, con la mediación del moderador.

9. *Deliberación*

Las personas sorteadas deliberarán sobre las distintas propuestas presentadas con el apoyo, cuando lo requieran, de los asesores jurídicos y científicos a su disposición.

10. *Informe*

Finalmente, el consejo ciudadano elaborará un informe donde recomendará una o, excepcionalmente, varias propuestas, que no tienen por qué corresponderse con ninguna de las inicialmente planteadas por colectivos y particulares. Además, puede incluir recomendaciones adicionales sobre otros asuntos relacionados, como, por ejemplo, la modificación de una ley o de reglamentos que planteen limitaciones a la resolución del problema abordado. Para ello contarán con la ayuda del moderador y de los asesores. El informe se publicará.

11. *Carácter consultivo*

La legislación española impide que las decisiones acordadas por cualquier procedimiento de participación ciudadana tengan carácter vinculante, por lo que los consejos deliberativos forzosamente deberán ser consultivos. La única forma de dar fuerza vinculante a sus resoluciones es mediante el compromiso de una mayoría de las agrupaciones políticas de apoyar las propuestas que recoja el informe. En el caso excepcional de que el consejo deliberativo entregue dos propuestas y exista un claro conflicto entre ellas, el Ayuntamiento convocará una consulta participativa y las agrupaciones políticas que apoyen los consejos se comprometerán a aceptar los resultados de la misma.

Es posible considerar otras fórmulas para la ratificación de las propuestas emitidas por los consejos deliberativos, como el referéndum o la discusión en el Pleno municipal. En ambos casos la idea de fondo es la falta de legitimidad de un consejo sorteado, que no contaría con la sanción moral o racional –por usar los términos de Dowlen– de la ciudadanía, por lo que requeriría de la ratificación de un cuerpo que sí la tuviera: el conjunto de la ciudadanía, en el caso del referéndum, o los representantes de los partidos electos, en el caso del Pleno. Creo que se pueden plantear tres objeciones a esa crítica:

a) El presente diseño de los Consejos deliberativos ya incluye la legitimidad de los representantes políticos en otras partes del proceso: tienen un lugar preeminente en la identificación del problema, la elaboración del Acuerdo Básico de Participación, la composición del Equipo Técnico, la elaboración de propuestas y –a través de estas– en la dinámica de la Audiencia; además de en la selección de asesores, según se verá más adelante. En definitiva, la deliberación de la cámara sorteada se produce sobre unos materiales que no dependen de las personas sorteadas, sino de otros agentes que participan en el proceso.

b) La legitimidad del conjunto de la ciudadanía está igualmente presente en algunas de esas fases: la elaboración de propuestas está abierta a la participación de asociaciones y de personas interesadas en el problema político en cuestión, aunque hay que reconocer que la capacidad organizativa de los partidos políticos y, en menor medida, de las asociaciones sitúa a las personas a título individual en desventaja. Pero hay otra vía fundamental por la que la legitimidad ciudadana que invoca el referéndum está presente en el corazón de los consejos deliberativos: la selección de un número lo suficientemente amplio de ciudadanos sorteados –a diferencia de lo que planteo para los jurados ciudadanos– garantiza la representatividad social de la cámara en un sentido estadístico, lo que, combinado con el conjunto de procedimientos que conforman el desarrollo de los consejos deliberativos, permite la incorporación no solo de ciudadanos particulares, sino de una muestra representativa del conjunto de la sociedad a unas condiciones de deliberación excepcionales, muy superiores a las de un referéndum.

c) Se tiende a sobreestimar la legitimidad de las dos fórmulas adicionales invocadas: cámara de representantes políticos y referéndum. Ambas, sobre todo la primera, tienen a su favor la inercia del estado actual de la política, pero cualquier análisis detallado revela, al menos, ciertas dificultades.

En el actual sistema de partidos, la elección de una lista cada cuatro años plantea serios problemas respecto a la legitimidad de las decisiones concretas que toman los representantes: es indiscutible que en ellas opera la mediación de intereses personales, lobbies, de los propios aparatos de partido... Estas interferencias en ningún caso están legitimadas por el conjunto de la ciudadanía y sin embargo tienen una influencia política determinante. En un sistema que obliga a ese tipo de delegación sin controles y contrapesos ciudadanos, sin duda se puede argumentar que el voto es una decisión racional y moral de preferencia de un partido sobre otro, pero es mucho más complicado sostener que esa legitimidad se extiende a todas y cada una de las decisiones que toman los representantes de dicho partido durante el ejercicio de su cargo.

Los referéndum plantean la alternativa de optar por una alta frecuencia con baja intensidad de participación media –al estilo suizo– o por una baja frecuencia (pocos referéndum) con picos de intensidad en votaciones consideradas especialmente relevantes. Lo primero no resuelve el problema de la legitimidad de las decisiones, dada la escasa implicación de la ciudadanía; lo segundo limita la participación a contadas ocasiones, lo que no se aleja demasiado de las votaciones en la democracia representativa de partidos, que a veces adoptan un tono plebiscitario en torno a asuntos de gran relevancia mediática o social. Además, el referéndum plantea otros problemas en términos de racionalidad: la información de que dispone la ciudadanía para tomar una decisión concreta –a diferencia de una votación electoral, donde entran en juego valoraciones mucho más amplias– es muy limitada y depende en exceso de la propaganda mediática y partidista. El sistema no garantiza una deliberación de calidad previa a la toma de decisiones, ni ofrece estímulos adecuados para una implicación sostenida de la participación ciudadana.

Los consejos deliberativos conservan la legitimidad original del voto y de la participación directa, la incorporan en su funcionamiento e introducen, además, una mayor racionalidad y moralidad en la toma de decisiones concretas. A cambio, restringen la participación a un número limitado de ciudadanos en cada ocasión mediante el azar. Habría que demostrar que una ratificación adicional al final del proceso tiene más beneficios y menos costes que esta alternativa. En mi opinión, la ratificación tendría sentido únicamente en casos de excepcional interés, que habría que regular muy claramente, y siempre bajo la forma del referéndum (consulta ciudadana, en el caso municipal). Subordinar estructuralmente los consejos deliberativos a la ratificación del Pleno –más allá de las limitaciones legales ya comentadas al principio de este punto– acabaría por hacer de estos una institución de escasa relevancia y objeto de instrumentalización partidista: la mayoría del Pleno solo recurriría a ellos para tener mayor legitimidad en decisiones controvertidas y la oposición para disponer de un espacio adicional para la crítica del Gobierno, pero ambas prescindirían de los mismos cuando el informe del consejo no fuera el deseado. La imprevisibilidad de los consejos haría que los partidos tendieran a ver más riesgos que beneficios para ese tipo de estrategia mediática; las personas sorteadas perderían interés en participar en una herramienta al servicio de partidos con los que no necesariamente se sienten identificadas y al no tener garantías de que su trabajo sea tenido en cuenta.

12. *Censo de ciudadanos sorteados*

Se recogerán los datos de las personas sorteadas que hayan participado en el consejo deliberativo y den su consentimiento, para crear un censo de ciudadanos y ciudadanas con experiencia en procesos de democracia participativa que puedan asesorar o participar en futuras experiencias similares.

13. *Evaluación*

Las propias personas sorteadas, durante el proceso y con el asesoramiento de los expertos convocados, establecerán un plazo para verificar que la propuesta acordada ha sido desarrollada y evaluar los efectos positivos y negativos que ha tenido. Dicha evaluación se llevará a cabo mediante un jurado ciudadano.

14. *Coste estimado*

Las estimaciones presupuestarias en este punto se refieren exclusivamente a los costes de la convocatoria de un consejo deliberativo. Asumen que el Ayuntamiento en cuestión dispone de algún tipo de local para su celebración, de técnicos de las distintas áreas que puedan formar parte eventualmente (no en dedicación exclusiva) del equipo técnico y de al menos un animador sociocultural o similar para las tareas de moderación (aunque pueden buscarse alternativas a esta figura). También, lógicamente, que existen partidas presupuestarias municipales destinadas a la difusión de las actividades relacionadas con las distintas concejalías. Las políticas de participación ciudadana, como cualquier tipo de políticas, no son viables sin un mínimo de dotación presupuestaria. El importe de las dietas –recuerdo la advertencia de la introducción– dependerá de las características del municipio.

14.1 Ciudadanos
  a) 4 días y 50 € + 18 € (dietas) = 13600 €
  b) 10 días y 50 € + 18 € (dietas) = 34000 €
  c) 4 días y 70 € + 18 € (dietas) = 17600 €
  d) 10 días y 70 € + 18 € (dietas) = 44000 €

14.2 Expertos. Hay varias posibilidades:
  a) Sin remuneración económica, pero con reconocimiento oficial.
  b) Sin remunerar los seleccionados por los partidos y remunerado el seleccionado de una institución externa: 4 días y 68€ = 272 €; 10 días y 88 € = 880 €
  c) Todos remunerados: 6 expertos: entre 1632 € y 5280 €

14.3 Ludoteca: para asegurar la participación de personas con responsabilidades familiares. 200-250 € por día = 800-2500 €

Jurados ciudadanos

El procedimiento es similar al de los consejos deliberativos, pero su función no consiste en proponer o decidir medidas sobre un asunto concreto, sino en evaluar acciones o proyectos políticos ya realizados (o proyectados, pero incumplidos). Los jurados ciudadanos son, por tanto, un mecanismo de participación ciudadana en la rendición de cuentas.

Las diferencias en el procedimiento respecto a los consejos deliberativos son las siguientes:

1. *Identificación del problema*

1.1 Iniciativa ciudadana: requerirá el apoyo de un menor número de firmas que los consejos deliberativos. El procedimiento para convocar un jurado ciudadano es menos largo y costoso y se potencia el control ciudadano de la política municipal.

1.2 Iniciativa de oficio: se incorporará al Reglamento municipal de participación ciudadana la posibilidad de que no solo el gobierno municipal pueda proponer jurados ciudadanos de oficio, sino que también se pueda proceder a partir de la petición de una minoría de concejales del Pleno municipal (1/3), desarrollando los mecanismos necesarios para que no se utilice esta herramienta sistemáticamente como bloqueo u obstáculo para las tareas de Gobierno:

a) Impidiendo que se juzgue dos veces sobre el mismo asunto en una legislatura.

b) Limitando el número de jurados ciudadanos que puede convocar una fuerza política al año (por ejemplo, tres o cuatro al año).

2. *Exposición*

Se abrirá un período de inscripción para que cualquier colectivo (incluidos los partidos políticos) o persona pueda exponer su postura en relación al asunto sometido a juicio. El equipo técnico organizará estas exposiciones, agrupando las similares si fuera necesario, y los responsables de las mismas las presentarán ante los miembros del jurado ciudadano. Se acortará el plazo dispuesto para los consejos deliberativos con el objeto de agilizar el proceso.

3. *Duración*

Propongo un formato concentrado en una o dos semanas (3-5 días), con la intención de reducir los costes al mínimo posible y facilitar así el uso de este procedimiento. Por sus menores dimensiones, costes y complejidad –se trata de emitir un juicio de carácter político, no de elaborar una propuesta normativa– debería ser un procedimiento más habitual que los consejos deliberativos.

El mínimo indispensable sería el siguiente: Primer día: Formación + exposición. Segundo día: Deliberación. Tercer día: Informe.

4. *Tamaño*

10 personas. Siguiendo el modelo de los jurados populares, aquí prima la calidad de la deliberación, la neutralidad y la introducción de criterios ajenos a la política profesional en la rendición de cuentas. Se deja en un segundo plano la representatividad estadística.

5. *Sorteo*

Se procederá de manera similar a los consejos deliberativos. Solamente se tendrá en cuenta un correctivo de género para que haya paridad en la selección final, incluyendo titulares y suplentes.

6. *Informe*

El jurado ciudadano elaborará un informe de evaluación sobre la acción o proyecto político en cuestión, haciendo las recomendaciones que estime necesarias al equipo de gobierno o al Pleno municipal, incluyendo la posibilidad de recurrir a otros mecanismos de participación ciudadana contemplados en el Reglamento si lo considera oportuno. Dicho informe se publicará.

7. *Carácter consultivo*

Al igual que los consejos deliberativos, los jurados ciudadanos solo pueden tener carácter consultivo. El compromiso político de las agrupaciones políticas que los implementen consistirá en apoyar las recomendaciones que emitan los jurados. En casos extremos, el jurado ciudadano podrá recomendar al Ayuntamiento acudir a la Justicia, la dimisión de algún cargo, o la propuesta de someter a consulta popular la revocación de algún representante (si esta figura estuviera contemplada en el Reglamento de participación ciudadana). En otros casos, solicitará al Ayuntamiento que actúe sobre un determinado tema con los medios a su disposición, pudiendo hacer recomendaciones específicas sobre estos medios, pero no propuestas normativas concretas. Por último, habrá ocasiones en las que el jurado simplemente emitirá una valoración de la cuestión sometida a deliberación, como una institución ciudadana de rendición de cuentas con efectos políticos fundamentalmente de cara a la opinión pública: una herramienta inexistente en la actualidad.

8. *Coste estimado*

8.1 Ciudadanos

    a) 3 días y 50 € +18 € (dietas)= 2040 €
    b) 5 días y 50 € + 18 € (dietas)= 3400 €
    c) 3 días y 70 € + 18 € (dietas)= 2640 €
    d) 5 días y 70 € + 18 € (dietas)= 4400 €

8.2 Expertos

    a) Sin remuneración económica, pero con reconocimiento oficial.

    b) Sin remunerar los seleccionados por los partidos y remunerado el seleccionado de una institución externa: 3 días y 68€ = 204 €; 5 días y 88 € = 440 €

    c) Todos remunerados: 6 expertos: entre 1224 € y 2640 €

8.3 Ludoteca: para asegurar la participación de personas con responsabilidades familiares. 200-250 € por día = 600-1250 €

Debate sobre el estado de la ciudad

Una modalidad particular de jurado ciudadano que podría establecer un vínculo con prácticas ya instaladas en la política introduciendo un elemento novedoso de participación ciudadana es el Debate sobre el estado de la ciudad. La idea consiste en reglamentar la celebración de un debate anual sobre el estado de la ciudad en el que no solo participaran los grupos políticos representados en el Pleno municipal. Se crearía un Jurado ciudadano para la ocasión, compuesto por 10 personas sorteadas a partir del censo municipal, que recibirían con antelación un informe de la actividad política del año por parte de cada uno de los grupos políticos, lo leerían, escucharían las intervenciones de los políticos, podrían plantearles preguntas, se reunirían aparte para deliberar y emitirían una valoración del debate al final del proceso.

Sería conveniente que en este órgano, menos reglado que los anteriores, participaran personas con experiencia previa en otras cámaras sorteadas asesorando a los nuevos participantes. Como en los dos órganos anteriores, la participación y neutralidad del moderador es fundamental.

Esta propuesta reformaría el modelo de referencia (Debate sobre el estado de la nación), limitando su carácter espectacular e introduciendo la deliberación en un proceso del que actualmente está prácticamente ausente. Al tener que dirigirse a un grupo de ciudadanos, que han sido informados previamente del asunto de discusión y que además pueden interpelarles, los representantes políticos se verían obligados a cambiar el registro de sus intervenciones. El objetivo ya no sería servirse de una plataforma que recibe especial atención mediática como un espacio más de propaganda, obviando a los supuestos interlocutores –los representantes de los demás grupos políticos allí presentes– a los que se usa como pantalla para proyectar el discurso propio. Dado que la valoración final del debate procede de una deliberación ciudadana bien informada (en tanto que lee los distintos informes que se le presentan, pregunta a los representantes y delibera posteriormente de manera independiente), los representantes políticos deberán tratar de convencer a los ciudadanos –también con los informes, no solo mediante la retórica de las intervenciones– atendiendo a un público y a unos ritmos diferentes a los usuales en la política, ya sea ante otros representantes políticos, la prensa o en una reunión de militantes del propio partido. La cadena discursiva que une a políticos y a la mayoría de la ciudadanía a través de la prensa o la propaganda política, se ve modificada al dar protagonismo a la parte que usualmente adopta un papel exclusivamente pasivo. Es de esperar que esta modificación produzca, si se dota de contenido adicional con un programa de participación ciudadana mucho más amplio, un efecto de acercamiento a la política y contrarreste la percepción negativa que la ciudadanía tiene de sus representantes. La atención mediática que suscitaría el Debate sobre el estado de la ciudad podría así orientarse no solo hacia la actualidad política, sino también a potenciar la participación ciudadana.

Coste estimado

1. Ciudadanos
   a) 2 días y 50 € +18 € = 1360 €
   b) 2 días y 70 € + 18 € = 1760 €

2. Expertos
   No son necesarios, aunque se debería considerar el eventual asesoramiento de ciudadanos con experiencia previa en cámaras sorteadas. Dependiendo del uso que los partidos hagan de los informes, puede ser necesario recurrir a expertos que ayuden al jurado a interpretar datos técnicos que estos contengan.

3. Ludoteca
   Para asegurar la participación de personas con responsabilidades familiares: 200-250 € por día.

Procedimiento para la selección de asesores en los procesos de participación ciudadana

En todos los casos, el procedimiento de selección de asesores partirá de la definición previa de las competencias y títulos necesarios para poder ejercer la labor de asesoría. Tal definición será lo más extensa posible y referida a títulos ampliamente aceptados por la sociedad, o bien a experiencia laboral acreditada en la materia, garantizando la cualificación necesaria para ejercer la tarea. Se evitará en cualquier caso la petición de títulos específicamente creados para tal asesoría, para evitar la proliferación artificial de "especialistas en asesoría" y no en las materias objeto de la deliberación. En caso de que se opte por no remunerar a los asesores correspondientes a los partidos, probablemente convenga no exigir ningún tipo de requisitos para no dificultar su selección, dejando al albur de los partidos la competencia de los seleccionados, ya que lo contrario iría en detrimento de sus propios intereses.

Cuando el proceso de participación ciudadana se plantee como una opción dicotómica (a favor o en contra de alguna medida), los impulsores de la propuesta elegirán a sus expertos y los oponentes se pondrán de acuerdo para elegir a un número igual de expertos, de manera que la asesoría sea equilibrada.

Cuando el proceso de participación no presente una estructura dicotómica a priori, cada una de las agrupaciones políticas representadas en el Pleno municipal elegirá un experto en la materia y el equipo técnico se encargará de elegir otro adicional de una institución pública de reconocido prestigio en la materia (por ejemplo, la universidad), mediante sorteo entre una preselección. Todos estos expertos si son remunerados deberán cumplir los requisitos exigidos por la definición previa de competencias y títulos necesarios para la asesoría.

El concurso de un experto adicional no seleccionado por los partidos es muy recomendable y requiere una consulta y acuerdo previo con la universidad y/o con las instituciones candidatas a proveer expertos para la cuota reservada al sorteo. No es necesario tener conversaciones cada vez que se cree un consejo o un jurado; bastaría con llegar a un acuerdo previo para crear bolsas de expertos interesados en participar y recurrir al sorteo de entre ellas cuando sea necesario. Sería, además, una manera de profundizar en la vocación de servicio público que tienen estas instituciones.

Existe la posibilidad de diferenciar entre juristas y científicos para establecer dos categorías de expertos. Esto mejoraría la calidad de la deliberación pero complicaría el proceso y supondría un incremento de los costes.

La rendición de cuentas

La rendición de cuentas es un elemento que debe acompañar al sorteo con más motivo que a la elección de representantes. En la elección, por muchos problemas que tenga la fiscalización de las prácticas de los representantes, existe la posibilidad de sancionar un comportamiento político indeseado –no hablo aquí de ilegalidades– cuando el representante o su partido se someten a votación para su reelección. En el sorteo, no existe esa posibilidad y, por lo tanto, es necesario crear herramientas de fiscalización de las personas que participan en las cámaras sorteadas, para sancionar la inmoralidad, la apatía o la desatención de alguna de las instancias participantes en el proceso.

En estas propuestas existen algunos mecanismos de rendición de cuentas insertados dentro de los procedimientos. Pueden dividirse en dos: los que fiscalizan al órgano en su conjunto y los que fiscalizan el comportamiento de las personas que lo componen a título individual. En el primer apartado entraría el punto *13. Evaluación* de los consejos deliberativos, en el que el propio consejo fija una fecha para que un jurado ciudadano evalúe el desarrollo de la propuesta aprobada: tal evaluación puede contemplar, lógicamente, los defectos que contenga la propuesta en sí. Podrían también convocarse otros jurados ciudadanos para juzgar decisiones tomadas por consejos deliberativos –o decisiones derivadas de recomendaciones de anteriores jurados ciudadanos–, de manera similar a la prevista para la rendición de cuentas de los representantes electos y sus políticas. Por último, he propuesto en algunos casos la combinación de las cámaras sorteadas con referéndums: ya he comentado sus desventajas, aunque a cambio, en los casos en que se utilice, el referéndum funcionaría como una rendición de cuentas ante el conjunto del cuerpo ciudadano de las propuestas discutidas y elaboradas por las cámaras sorteadas. En lo que se refiere a la rendición de cuentas de las personas sorteadas a título individual, la cuestión es más problemática. Existe la posibilidad, que ya he mencionado, de establecer recusaciones anónimas de personas al principio del proceso, para garantizar a las demás partes implicadas la imparcialidad del consejo o jurado. Tal procedimiento, según cómo se regulara, podría funcionar como una versión moderna de la *Dokimasia* de la Atenas clásica, solo que ante un jurado formado por partes interesadas en el proceso. Hay otra figura fundamental, especialmente en las fases del procedimiento donde las personas sorteadas son más autónomas, que cumple funciones de rendición de cuentas: el moderador o moderadora. La figura es muy delicada, porque a diferencia de las anteriores, representa la intervención de un técnico en el corazón de un procedimiento político. Debe tener muy claras sus funciones y abstenerse en cualquier caso de tomar partido en la deliberación. Una de sus competencias sería asegurarse de que ninguna de las personas sorteadas se abstiene de la deliberación –invitándole a tomar la palabra–, la boicotea –reconviniéndole o retirándole la palabra–, o se comporta de manera agresiva para intimidar a los demás participantes –pudiendo llegar a expulsarle–. Sería aconsejable, si existen medios para ello, organizar talleres de formación de moderadores para disponer de un número más amplio, asegurar su imparcialidad e implicar a la ciudadanía también en el propio control de las cámaras sorteadas.

No he incluido en esta propuesta ninguna instancia de rendición de cuentas individual posterior al proceso. Algo que sin duda sería recomendable, aunque quizás complicaría en exceso el diseño. Se podría crear una cámara sorteada adicional –un tipo especial de jurado ciudadano– que se convocara periódicamente para juzgar la eventual actitud negativa de personas sorteadas durante el período evaluado: no sería necesario convocar una cada vez, sino que un mismo jurado se ocuparía de todas las reclamaciones correspondientes a un período determinado. Cualquier parte implicada en un procedimiento que afectara a cámaras sorteadas podría solicitar que se sometiera a una persona en particular a este proceso de rendición de cuentas. Requeriría una reglamentación muy clara a la que atenerse y especialmente atenta a las garantías de los acusados, para penalizar la participación lo menos posible. Debería incluir sanciones tanto para el mal comportamiento de las personas sorteadas, como para las denuncias que se demuestren infundadas, reservando un margen intermedio para los casos menos claros. Estas penalizaciones podrían ir desde la eliminación temporal del censo de sorteables, hasta multas económicas o servicios sociales.

En resumen, el asunto de la rendición de cuentas no ha ocupado quizá el lugar que debiera en esta guía: he privilegiado un diseño simple y de fácil implantación. Conviene, no obstante, no ser demasiado fundamentalista al respecto. El peso de estas cámaras sorteadas en el sistema institucional actual sería bastante limitado y, por tanto, los riesgos que pudieran derivarse de un mal uso son muy pequeños y susceptibles de corregirse conforme avance la experiencia. Por otra parte, quisiera insistir en que no se suelen aplicar similares críticas –o no con la misma severidad y detalle– a la acción de ciudadanos y representantes en el sistema actual. Se tiene confianza en la capacidad de la ciudadanía y se le reconoce plena soberanía para elegir a sus representantes: sin duda, se piensa que los riesgos de la falta de responsabilidad se diluyen en el número o que los resultados electorales expresan, entre otras cosas, la madurez democrática de la sociedad. Pero lo mismo cabría decir de la ciudadanía seleccionada aleatoriamente en los consejos sorteados, por ejemplo. También puede argumentarse que, después de todo, la responsabilidad fundamental corresponde a los representantes electos y son ellos los que realmente deben rendir cuentas; pero pocos están dispuestos a afrontar seriamente la limitación de las innumerables formas que tienen los actuales representantes de evadir cualquier tipo de rendición de cuentas en el sistema actual, tanto en el plano individual como colectivo.

Difusión y medios de comunicación

Para publicitar y difundir estos procedimientos de participación ciudadana, el Ayuntamiento debe utilizar todas las herramientas a su alcance: páginas web, medios habituales de difusión de información institucional, oficinas de participación ciudadana, talleres, prensa... En particular, garantizará el seguimiento a través de la televisión local de todos los procesos de participación ciudadana en formatos atractivos para el público que ayuden a consolidar este nuevo modelo de participación. Como ya he advertido anteriormente, estos costes no están contemplados en el presupuesto estimado para cada uno de los órganos, aunque los ayuntamientos disponen habitualmente de partidas presupuestarias destinadas a fines similares.

Algunos apuntes sobre la coyuntura política y las posibilidades del sorteo

Quiero cerrar este texto con algunos comentarios sobre las posibilidades que ofrece la coyuntura política actual para la implementación del sorteo en una forma similar a la que aquí propongo. Quizás puedan servir de orientación política, o al menos de argumentos, para quienes estén interesados en llevar estas ideas más allá del papel.

1. Cualquier procedimiento de participación que se introduzca como un reglamento completo ya cerrado se percibirá como una imposición institucional, que correrá el riesgo de enfrentar la oposición política de los demás actores implicados y la apatía por parte de los ciudadanos para los que teóricamente está pensado. Además, quien así lo haga sin duda cometerá errores de perspectiva que podrían solventarse al confrontarse con diferentes miradas sobre el proceso. Aunque parezca redundante y obvio, es importante recordar lo que demuestran múltiples experiencias políticas: la participación es una condición necesaria para generar estructuras de participación. Pero esta sentencia no debe enunciarse de forma ingenua o sesgada; no hay que obviar la ineludible toma de posición política que implica la definición de un punto de partida para cualquier proceso participativo y que puede resumirse en dos preguntas: ¿qué agentes sociales se consideran políticamente relevantes? y ¿cómo se regulan las relaciones entre ellos? Apostar por el sorteo implica considerar que las personas no organizadas son agentes políticos específicos –no únicamente potenciales militantes de partidos o asociaciones–, que están en seria desventaja al compartir espacios escasamente regulados o que favorecen a colectivos ya organizados y, sobre todo, que tienen algo que aportar. Al defender que se las tenga en cuenta al construir nuevos espacios de participación, otros agentes ven amenazados privilegios adquiridos en ellos y probablemente se opongan. La imposición que supone preservar espacios para el sorteo desde el principio debe combinarse con el reconocimiento de que

los demás agentes implicados en el proceso puedan, a su vez, discutirlos y transformarlos. En este sentido, sería interesante combinar los órganos aquí propuestos con otros mecanismos de participación ciudadana e introducir el sorteo en otros espacios donde hasta ahora ha sido escasamente utilizado. Por ejemplo en Asociaciones de vecinos, consejos sectoriales o en el procedimiento de las consultas populares.

2. En la coyuntura política actual se reconoce ampliamente una creciente desconfianza de la ciudadanía respecto a las instituciones políticas, aunque se discuta su alcance y su sentido. A esta desconfianza le corresponde una queja muy extendida entre los representantes políticos –extensible a muchos militantes– que culpa a la ciudadanía de su falta de implicación: detrás de esta queja hay un elitismo –moral, tecnocrático, político...– escasamente consciente de las dinámicas de exclusión que generan las prácticas políticas hegemónicas. En la política se produce una dominación social específica de ese campo, fundada en la desigual distribución y reproducción de los recursos que le son propios. En estas circunstancias es probable que los primeros resultados de las cámaras sorteadas sean modestos. Surgirá entonces la tentación de aplicar estos prejuicios corporativos –de lo político– al análisis, atribuyendo el fracaso al desinterés, la apatía o la incapacidad de la ciudadanía. Ante ello solo cabe recomendar paciencia, proyectos a medio y largo plazo, auto-evaluaciones, análisis atentos a estos prejuicios y por parte de agentes externos que no estén implicados en el proceso, y flexibilidad para poder corregir los errores que se detecten en el curso de la experiencia.

3. Dowlen expone en su texto argumentos a favor y en contra de la voluntariedad en el compromiso de los ciudadanos y ciudadanas sorteados. No tengo mucho que añadir en el plano teórico; tan solo creo que la actual coyuntura política hace recomendable la voluntariedad, por motivos similares a los expuestos en el anterior punto. En España, al menos, partimos de una limitada implicación de la ciudadanía en la política institucional, que a su vez tiene un diseño estructural bastante hostil a la participación popular. Forzarla con un sistema de sorteo obligatorio no ayudaría a la aceptación de los nuevos órganos y dificultaría su funcionamiento.

4. Es fundamental preservar la imparcialidad de las cámaras sorteadas. Los partidos, asociaciones y personas a título individual pueden servirse legítimamente de ellas para sus fines, pero hay dos elementos que deben salvaguardarse a toda costa: la imprevisibilidad del sorteo y la autonomía de la deliberación ciudadana. Sin ellos, la novedad que introducen estos órganos perdería su sentido. Una cantidad excesiva de cuotas en la selección sorteada supone un peligro para lo primero: permitiría maniobras de los agentes presentes en el equipo técnico para tratar de construir una cámara sorteada afín a sus intereses. Por eso tan solo recomiendo la inclusión de la cuota de género –que responde a un problema social fundamental, siendo además las cuotas paritarias una solución ampliamente aceptada–, con la excepcional aplicación de una cuota adicional en casos especialmente indicados y donde haya un amplio consenso. En cuanto a la autonomía, es fundamental preservar un espacio propio para la deliberación de las personas sorteadas, al margen de las audiencias y tan solo con la presencia de un moderador. Si todos los espacios son mixtos –entre políticos electos, sus representantes y personas sorteadas–, se corre el peligro de que la desigual distribución de recursos políticos acalle o engulla a las personas sorteadas sin experiencia política previa –la mayoría–.

5. En las que he denominado "Iniciativas de oficio", puede parecer demasiado bajo el requisito de 1/3 del Pleno municipal para iniciar el proceso. Considero que existen vías para garantizar que el uso de estos órganos no se convierta en una herramienta obstruccionista por parte de un grupo minoritario; por otra parte, la autonomía de la deliberación ciudadana y la imparcialidad del proceso dificultarían de por sí un uso sistemático en este sentido: el proceso está diseñado de manera que no pueda ser tutelado por ninguna fuerza política. El coste tampoco es excesivo y he ofrecido fórmulas para limitarlo. A cambio, hay dos razones de peso a favor: normalizar el recurso a la participación ciudadana y, sobre todo, favorecer la utilización de los órganos por parte de la oposición para legitimarlos. De lograrse ambas cosas, se daría un gran paso para asentar el uso del sorteo en las instituciones a largo plazo: sería más difícil que un cambio de gobierno acabara con la experiencia. Es de esperar que un uso continuado y siempre abierto a nuevos participantes genere una ciudadanía consciente del potencial de estos órganos, ante la cual los partidos deberían explicar por qué suprimen una institución que ellos mismos han utilizado anteriormente.

6. Hay que dotar de contenido político real a las cámaras sorteadas: una de la mejores maneras de acabar con una herramienta participativa –sorteada o no– es limitarla a un rol meramente decorativo. Si la participación solo se usa para asuntos secundarios, pasa desapercibida, o tiene únicamente un carácter consultivo que el gobierno municipal no se compromete a hacer vinculante, la ciudadanía no participará en unos espacios que entenderá inútiles. Otro defecto muy común consiste en utilizar una participación política tutelada simplemente para dar mayor legitimidad a decisiones políticas ya cerradas antes del proceso participativo: a medio plazo esta estrategia es contraproducente y contribuye a deslegitimar la participación ciudadana en su conjunto. En cualquier caso, si se cumplen los requisitos de imparcialidad y autonomía, es difícil que las cámaras sorteadas puedan instrumentalizarse de esta manera.

7. Un problema central para la implementación del sorteo es el siguiente: ¿por qué cederían las élites políticas una parcela de poder a cámaras sorteadas? Por supuesto cabría la posibilidad de que una organización popular incluyera al sorteo a la vez entre sus demandas y en su dinámica interna, de manera que no dependiera de representantes electos o dirigentes del partido para su implementación, pero no hay ninguna fuerza política relevante en el panorama actual de estas características. Una guía como la presente está obligada a encontrar argumentos considerando la coyuntura actual y eso obliga a tratar de contestar a la pregunta. Por lo tanto... ¿qué razones pueden tener los partidos políticos actuales para ceder una parte del poder institucional a cámaras sorteadas? En primer lugar, estos órganos son una buena herramienta para recoger demandas ciudadanas y para medir la aceptación popular de las medidas que los partidos quieran poner en marcha: eso les permitiría elaborar estrategias bien fundadas en diagnósticos realistas de la sociedad, mucho más sensibles y profundos que los sondeos, aunque quizás menos representativos en un sentido electoral, ya que las condiciones de deliberación que produce el diseño no son extensibles al resto de la población. También les abriría una nueva vía para aprobar medidas que suscitan polémica o una fuerte oposición política: someterlas a la valoración de la ciudadanía –con procesos combinados de sorteo y consulta ciudadana en los casos más enconados– daría mayor legitimidad y respaldo a las decisiones. Por último, las cámaras sorteadas suponen un espacio privilegiado para los partidos desde el punto de vista pedagógico: pueden exponer su punto

de vista sobre las cuestiones tratadas directamente ante ciudadanos y ciudadanas sorteados, limitando los filtros habituales a los que obliga la mediación de la prensa, los mecanismos de representación, o la afinidad política de las personas que suelen acudir a los actos del partido. Este intercambio no se limitaría únicamente a los participantes en las cámaras, sino que alcanzaría a un público mucho más amplio mediante la retransmisión por televisión o redes sociales de este nuevo formato político. En un sentido mucho más modesto, se han ensayado experiencias similares en televisión, como el programa de la televisión pública "Tengo una pregunta para usted" o las entrevistas en campaña entre candidatos a las elecciones generales (2015) y familias seleccionadas de acuerdo a su clase social y procedencia, emitidas en cadenas nacionales. Entiendo que estos tres argumentos son válidos para cualquier partido, si bien el uso pedagógico de las cámaras sorteadas resultará más atractivo para aquellos partidos que tengan desventaja en el manejo de las instituciones culturales –públicas o de cualquier tipo– y aquellos que tengan menor influencia sobre grandes conglomerados mediáticos.

8. Gobiernos en minoría y gobiernos en mayoría: también es posible valorar las posibilidades del sorteo desde este punto de vista. En un gobierno en minoría, el sorteo ofrece enormes posibilidades para regular los conflictos entre partidos y las situaciones de bloqueo político. El recurso a consejos deliberativos y jurados ciudadanos garantizaría instancias de arbitraje para resolver negociaciones en las que ninguna parte está dispuesta a ceder. También abre la vía para una labor de oposición mucho más productiva –para la sociedad y para los propios partidos– que la recurrente estrategia de desgaste contra gobiernos en minoría: sería más rentable tratar de lograr apoyo ciudadano para obligar al partido que gobierna a adoptar medidas presentes en el programa de un partido de la oposición. A cambio, el partido que gobierna podría tratar de jugarse en esos espacios la posibilidad de escapar al bloqueo. Los gobiernos con mayorías estables tienen menos estímulos para implementar cámaras sorteadas con carácter vinculante, aunque quizás puedan ser más proclives a desarrollar experiencias localizadas de menor calibre, precisamente porque no temen que la oposición pueda sacar provecho de ellas. Por supuesto, las cámaras sorteadas siempre resultarán atractivas para una oposición sin opciones de sumar mayoría, ya que le ofrece una posibilidad real de obligar al gobierno a adoptar algunas de sus medidas, siempre que cuenten con respaldo ciudadano; pero el reto consiste en lograr que sea la mayoría la que acepte la puesta en marcha del sorteo con carácter vinculante.

9. Creo que hay diferentes argumentos para apoyar las cámaras sorteadas desde distintas posiciones del espectro ideológico. Quienes defienden preservar la democracia representativa tal y como la entendemos pueden encontrar en el sorteo un contrapeso ciudadano que contribuya a legitimarla y a darle estabilidad, aumentando la credibilidad y cercanía de unas instituciones en crisis sin alterar sus fundamentos: el sorteo se aplicaría a una cantidad limitada de decisiones –consejos deliberativos– y a la rendición de cuentas de la labor de los representantes políticos –jurados ciudadanos–. Otras fuerzas políticas apuestan por nuevas formas democráticas que no tienen cabida en el sistema actual, ya sea porque contemplan formas de participación ciudadana más avanzadas y decisivas, ya sea porque aspiran a extender el control democrático a otras esferas, como la económica. Desde este punto de vista, las cámaras sorteadas pueden considerarse un paso nada desdeñable en esta dirección, al menos respecto a la situación actual; así como una manera de garantizar el acceso a las instituciones de amplios grupos

sociales hasta ahora excluidos de las mismas. El sentido final que tenga el sorteo es, por definición, imprevisible: dependerá de la decisión de los ciudadanos y ciudadanas y de la capacidad de los partidos políticos para convencerles de la idoneidad de sus argumentos.

10. Esta imprevisibilidad, que es una de las mayores virtudes del sorteo, es al mismo tiempo uno de los mayores obstáculos para su aceptación: la ideología cientificista ampliamente extendida en la sociedad penetra también las distintas organizaciones políticas, que tienden a minusvalorar el carácter contingente de la política y a subrayar la necesidad y la racionalidad de sus estrategias y programas. Se nos dice que la intervención de personas sorteadas introduce elementos perturbadores –por su incapacidad, por su falta de información, porque no "saben de política"– en ese supuesto orden racional que, no obstante, descansa en último término en la decisión que esas mismas personas expresan periódicamente a través de sus votos. Contra esto hay que argumentar que los órganos propuestos en esta guía introducen el elemento ciudadano como un factor que hace imprevisible el resultado final de cada proceso individual para los partidos, pero no es azaroso en un sentido absoluto: al contrario, reglamenta minuciosamente procesos de toma de decisiones y de rendición de cuentas que se producen actualmente de manera mucho más oscura y arbitraria, por lo que en términos morales y racionales el sorteo supone aquí una ganancia.

11. Por último, quiero recalcar los valores intrínsecos que Dowlen atribuye a un uso apropiado del sorteo: progreso en el compromiso político de la ciudadanía, madurez democrática y autodesarrollo del cuerpo ciudadano. Esta virtud, resumida por Aristóteles en el aprendizaje de "gobernar y ser gobernado por turnos", se suma a su doble función como herramienta para controlar el exceso de poder –unipersonal y faccional– y como instrumento de mediación política imparcial. Quizás no sea demasiado aventurado pensar que si efectivamente estas virtudes se manifiestan al implementar la participación ciudadana sorteada, generen una amplia adhesión por parte de la ciudadanía. Este es un argumento a tener en cuenta por todas las fuerzas políticas, quienes, lógicamente, buscan esa adhesión. Pero sobre todo es un valor en sí mismo para quienes creen en la virtud del compromiso colectivo.

www.ingramcontent.com/pod-product-compliance
Lightning Source LLC
Chambersburg PA
CBHW081410270326
41931CB00016B/3441